Edition Dithmarscher Landeskunde

Thomas Giesenhagen

Kampf dem Heider Drachen

Eine vergessene Stadtgeschichte im Zeichen der Dithmarscher Mäßigkeitsbewegung 1843 bis 1849

© 2018   Thomas Giesenhagen

Gestaltung: Wolfgang W. Schulz

Cover-Entwurf: Christoph Clasen, Atelier Hasselbrook, Hamburg

Herstellung und Verlag: BoD – Books on Demand, Norderstedt.

                   ISBN: 9783748101352

Inhalt

„De Brennerie is en wunnerlich Geschäft.“

Klaus Groth

„Es geziemt dem Menschen nicht,
Weltgegebenheiten zu richten, welche,
in dem Schoß der Zeit langsam vorbereitet,
nur teilweise dem Jahrhundert zugehören,
in das wir sie versetzen.“

Alexander von Humboldt, 1847[1]

„Das Einzige, was ich von allen diesen Dingen besonders
hervorheben will, ist die seit etwa 13 Jahren gestiftete
„dithmarsische Zeitung“…

Je mehr solcher Localblätter ich kennen lerne, desto mehr
erkenne ich, daß sie fast die vornehmsten Fundgruben und
Quellen für die Erkenntnis des jetzigen Zustandes der
Länder sind, und desto mehr fühle ich, wie wahr Lamartine
sagt, daß in Zukunft die Bücher aus den Zeitungen und
Journalen würden hervorwachsen müssen, während man
früher die Journale mit Auszügen aus Büchern angefüllt habe.“

Johann Georg Kohl, 1846[2]

Vorbemerkung

Am Anfang dieser Zeitreise ins Biedermeier steht ein gehobener Dokumentenschatz - die Wiederentdeckung des Protokollbuchs des 1845 gegründeten „Enthaltsamkeitsvereins gegen das Branntweintrinken e.c. im Kirchspiel Nordhastedt"[3].

Mit grobem Strich skizziert ist dieser „vergessene" Verein bereits in einem Fachbeitrag der Zeitschrift Dithmarschen sowie erstmals im Buch „Dithmarschen unterm Danebrog". Dort wird er im Zusammenhang mit einem bereits im 18. Jahrhundert von einer besorgten Obrigkeit registrierten übersprudelnden Alkoholkonsum in Dithmarschen in den Kontext vorgehender lokaler Ereignisse in Nordhastedt gestellt, thematisch aber noch nicht tief durchdrungen, da es sowohl den inhaltlichen als auch zeitlichen Rahmen des Buches gesprengt hätte.

Hinter dem auf den ersten Blick profan bis kurios anmutenden dörflichen Vereinsbuch verbirgt sich ein beeindruckendes Stück in Vergessenheit geratener Zeitgeschichte, das an erstaunlich vielen Stellen Dithmarschens, insbesondere aber in Heide, bis heute verblüffende Spuren hinterlassen hat.
Eine umfassende Beschreibung der ab 1843 für gut sechs Jahre auch in Dithmarschen wirkenden „Mäßigkeits- und Enthaltsamkeitsbewegung" soll hiermit erfolgen.

Vor der Zeit überrollt von den politischen, gesellschaftlichen und militärischen Erschütterungen der Schleswig-Holsteinischen Erhebung 1848-1851 sind diese ersten Mäßigkeitsvereine ein kurzlebiges und deshalb in der regionalen Geschichtsforschung bisher wenig beachtetes, in weiten Teilen sogar vergessenes Beispiel für die bürgerliche Denkwelt und einen von noch vielen politischen Fesseln gezähmten gesellschaftlichen Gestaltungswillen im Biedermeier.

Die Wahrnehmung eines erheblichen und für zahlreiche besorgte oder betroffene Bürger schwer erträglichen sozialen Missstandes und ein klassenübergreifendes gesellschaftliches Engagement im Kleid der Vereinsidee sind Ausdruck einer Zeit, die allerdings 1844 in den Augen zahlreicher Konservativer bereits „an Vereinssucht leidet".[4]

Der Prozess von Meinungsbildung und Maßnahmendefinition erfolgt dabei organisatorisch und logistisch bisweilen sehr kontrovers. Der Kampf gegen das drängende familiäre und gesellschaftliche Problem der Zeit, der selbst die Jugend immer stärker bedrohenden „Branntweinpest", führt zudem unter den Augen eines jungen Heider Mädchenschullehrers Klaus Groth die Pastorenschaft Dithmarschens in einen brisanten inneren Konflikt und mit diesem Stoff die noch junge lokale Presse auf erste Höhenflüge.

Groths geschäftiges und umtriebiges Heide der 1840er Jahre wird mit guten Gründen zur Arena der markantesten Kontroversen. Eine Geschichte der Dithmarscher Mäßigkeitsbewegung wäre weder vollständig noch verständlich, wenn sie nicht auch die familiären und ökonomischen Strukturen der sich um den Heider Markt in erstaunlich großer Zahl scharenden Brauer und Branntweinbrenner der Zeit einschließen würde.

In diesem Sinne ist die Geschichte der ersten Mäßigkeitsvereine auf dem Höhepunkt der eine ganze Generation prägenden Branntweinpest auch ein tiefer Blick hinter die Fassaden und in die Keller der Heider Stadtgeschichte des 19. Jahrhunderts.

Die Branntweinpest

*Die Stellung des Alkohols im gesellschaftlichen Leben Dithmarschens,
bis hin zu seinem Siedepunkt in der ersten Hälfte des 19. Jahrhunderts.
Brauer und Brenner gehören auch in Dithmarschen zur bürgerlichen Elite.
Eine erste Einführung in Heides Gewerbestruktur um das Jahr 1800,
zunächst im Wesentlichen zu Osten des Marktes.*

Den genauen Beginn des „Zeitalters der Branntweinpest" festzulegen, fällt natur-
gemäß ebenso schwer, wie fast jede andere punktgenaue Verortung einer Ära.
Alkoholgenuss, auch im Übermaß, ist frühes menschliches Kulturgut. Bereits Luther
identifiziert die Deutschen ganz pauschal als „Wein- und Saufteufel" und auch der
Dithmarscher Chronist Neocorus berichtet von üppigen *„Burgelaggen"* oder dem
Schwelgen und Saufen *„in Weertschoppen"* der stets auf Trunk erpichten Landeskinder.
„Daß ist ein Landt, dar muß man sich auß freße und auß sauffe."
Die Dithmarscher Ess- und Trinkfestigkeit wird zur Legende, ähnlich wie in anderen
ländlichen Regionen: „Dithmarscher Magen is mit Blick (Blech) beslagen."[5] Es ent-
wickeln sich sogar spezifische Dithmarscher Trinkbräuche, wie das Auffordern mit
„krick", dem mit „krack" zu danken ist, das aus dem Meldorfer Raum gar bis ins
Schleswigsche Hollingstedt exportiert wird.[6]
Dem stellt schon Neocorus etwas sehnsüchtig und mahnend zugleich die längst
vergangenen Tugenden der Altvorderen gegenüber und schwärmt *„van Metichkeit der
Ditmerschen in Eten unde Drinkende"*. Dabei waren auch in ältester Zeit Korn, Bier und
Wein durchaus schon gebräuchlich: *„...,dat ehr Gedrenke van Garsten edder Korne si
gebruwet, unnd Ardt deß Wineß gehatt, ..., ehn geleret, gutt Beer bruwen."*[7]
Die seinen Wert in einer ganz besonderen Weise schätzende sprachliche Wurzel des
Alkohols findet sich allerdings jenseits des (Platt-)Deutschen in einem ganz anderen
Kulturkreis und kann auf das arabische „al-kuhul" für „das Edelste" oder „das
Feinste" zurückgeführt werden, ursprünglich gebraucht im Zusammenhang mit fein
gemahlenem Pulver bei der Herstellung von Schminke.

Für das ländliche Dithmarschen mit seiner über Jahrhunderte adelsfrei stabilen
gesellschaftlichen Schichtung von Großbauern, Kätnern und Tagelöhnern kann man
eine erstmals von der Obrigkeit registrierte Besorgnis über eine in der breiteren

Bevölkerung spürbare überbordende Trinklust in den Zeiten nach dem Großen Krieg 1618-1648, den Anfängen des allgemein sinnenfreudigen Barock, festmachen. Nachkriegsgenerationen holen zum Ende des 17. Jahrhunderts auch hier lang Entbehrtes in vollen Zügen nach und leben sich aus: pure Freude am Leben.

Vielfältig sind die Liebesbeweise erhalten und analysiert, die die Dithmarscher auch noch im folgenden 18. Jahrhundert dem berauschenden Elixier erbringen. Als ihm das allgemeine Treiben allerdings zu bunt wird, sieht sich der von seinen deutschen Hofpredigern pietistisch getriebene Dänische König Christian VI. schließlich genötigt, 1736 eine Sabbatordnung zu erlassen, um Schankwirten und Saufenden mindestens an Feiertagen Einhalt zu gebieten. Majestät will die Seelen seiner von Geburt an sündhaften und deshalb erlösungsbedürftigen Landeskinder erretten.

Auch die Sperrstunde wird geboren, vornehmlich allerdings, um die von trunken heimkehrenden Rauchern ausgehende Feuergefahr einzudämmen.

Doch auch wenn die allgemeine Trinklust Geistlich- und Obrigkeit zunehmend besorgt, zum beherrschenden sozialen Problem werden Lust und Sucht noch nicht. Man trinkt auf dem Land überwiegend ein selbst gebrautes Bier, das von Gesetzes wegen jenseits der jeweiligen Dorfgrenzen nicht verkauft werden darf. Glaubt man den Berichten, dann wohl aus gutem Grund. Häufig sind diese lokalen Biere minderer Qualität. Einen überregional guten Ruf genießt im Nordelbischen allenfalls das bereits in professionellen Mengen gebraute Altonaer und Hamburger Bier. Doch auch der auf dem Land aus meist schlechtem Wasser eiligst obergärig zusammengebraute Gerstensaft ist nicht nur häufig eine gesündere Lebensnotwendigkeit als das gefährliche unbehandelte Wasser, sondern auch deutlich preiswerter als der nur in vergleichsweise geringen Mengen in Dithmarschen aus Getreide gebrannte oder gar teuer importierte Hochprozentige.

Das Bier ist deshalb auch über Jahrhunderte die bevorzugte Wahl, wenn es ans Feiern geht. Nicht von ungefähr hat sich das plattdeutsche „Beer", wie im Heider „Hohnbeer" oder dem Nordhastedter „Frunsbeer", als regionaler Begriff für ein Fest im Allgemeinen erhalten.

Auch das zur Fertigstellung neuer Häuser gefeierte Dithmarscher Fensterbier – ein Vorläufer zum heute gebräuchlichen Richtfest - ist als traditionelles Brauchtum des 17. und 18. Jahrhunderts noch in weiteren Kreisen bekannt und im Dithmarscher Landesmuseum in Form dekorativer, handgemalter Fensterscheiben zu bewundern.

Und in der allergrößten, sprich festfreien alltäglichen „Not" kann man das dann mit Brot angereicherte niederprozentige Bier in Dithmarschen seit Alters her als mit Zucker, Honig oder Sirup durchsüßte Biersuppe oder „Warmbeer" zu sich nehmen.

Als ein Beispiel der Vielfalt traditioneller und häufig von Dorf zu Dorf scharf abgegrenzter Festbräuche mag auch der folgende gelten. In unseren Tagen in allgemeine Vergessenheit geraten ist das wohl im späten 18. und frühen 19. Jahrhundert gebräuchliche, allerdings recht banal daherkommende „Looperbeer". Die Chronisten Marten und Mäckelmann beschreiben ein Dithmarscher Trinkspiel, in dem bereits der Schnaps das ältere „Beer" unterwandert hat und eine Hauptrolle spielt[8]:

„…ein Wettlauf zwischen einem Burschen und mehreren jungen Mädchen. …Der Bursche begibt sich mit einem der Mädchen, der „Looperbrut", an die Ablaufstelle, gibt seiner Partnerin einen leichten Stoß und läuft davon. Die junge Deern folgt ihm bis zur ersten Läuferin, übergibt dieser ein Tuch oder ein Fähnchen, und dann läuft diese zur zweiten und diese zur folgenden und so fort bis zur letzten, die nach dem Ziele läuft. Während die Mädchen den Stafettenlauf ausführen, durchläuft der Bursche die Bahn, muss aber mitten in dieser haltmachen und erst einen „Köm" oder „Grog" austrinken, dann darf er den Lauf fortsetzen. Am Ziel ist ein Kranz aufgehängt, in dem sich als Geschenk der jungen Mädchen eine Tabakspfeife befindet. Gewann der Bursche den Lauf, was gewöhnlich der Fall war, so erhielt er die Pfeife, lief das letzte junge Mädchen zuerst durchs Ziel, so musste sich der Bursche durch eine Trunkspende freikaufen."

In weiten Teilen Dithmarschens kommen im 18. Jahrhundert auf einen gewerbsmäßigen Schnapsbrenner noch mehrere „Brauer". Häufig brennen die Bierbrauer, die meist auch gleichzeitig als Bäcker tätig sind, in einem weiteren Nebengewerbe einfach mit. Man ist im traditionell an Brennstoff armen Dithmarschen auf höchste Effizienz angewiesen.

In Meldorf beispielsweise reihen sich vor 250 Jahren die Brauer des Geerviertels zeitweise wie an einer Perlenschnur über die Nordseite des Zingel aneinander, die Dührsens oder Lempferts, und legen hier ein materielles Fundament für einflussreiche Dithmarscher Familiendynastien jenseits der Landwirtschaft. Noch drängen sie einen spezialisierten und zugewanderten Brenner Hans Thiessen (1737-1780), Sohn des gleichnamigen Sarzbüttler Landesgevollmächtigten, an den östlichen Rand des Zingels beim Tor. Doch auch dem mit ausreichend familiärem Startkapital ausgestatteten Neuankömmling Thiessen beschert sein Gewerbe bald einen eigenen Wohlstand, der dem seiner auf umfangreichem Geestland sitzenden Bauernfamilie wenig nachsteht.

Brauer und Brenner gehören früh zur vermögenden bürgerlichen Elite aller Gemeinden. Dem Geld folgt unmittelbar Einfluss und Engagement. Man beteiligt sich umfangreich an der Selbstverwaltung der Landgemeinden und Fleckensviertel. Jedes der fünf Viertel Meldorfs hat seinen eigenen, meist nachbarschaftlich orientierten und florierenden Braubetrieb.

Im Norderviertel braut man pikanter Weise schon im 17. Jahrhundert genau an der Wohlstand bescherenden Stelle ein lokales Bier, an der Jahrhunderte später das Finanzamt entsteht. Hier hat bereits die für Meldorf bedeutende Familie Bütje ihre Finger im Spiel bzw. am Fass. Im 19. Jahrhundert lebt diese ältere Brautradition im

Meldorfer Nordwesten zu Füßen der Nordermühle nach über hundert Jahren Pause in Sichtweite der alten Braustätte an der nahegelegenen Promenade wieder auf.

Rosen- und Burgviertel lassen über die Zeiten zu beiden Seiten auf mittlerer Höhe der Süderstraße brauen. Das Klosterviertel wird seit jeher durch das Klosterbrauhaus neben der alten Gelehrtenschule aus der Nähe versorgt. Hier sind zeitweise die aus Wilster zugewanderten und nun im Klosterviertel sesshaft gewordenen Bütjes aktiv.

Im Norderdithmarscher Heide ist man dagegen früher als anderenorts in Dithmarschen auch mit Branntweinbrennern hervorragend bestückt. Für das Jahr 1717 werden bereits 6 Destillateure genannt, dazu 9 Bierbrauer, 13 Bierzapfer und 4 weitere Gastwirte, bei denen man auch speisen oder nächtigen kann.[9]

Um 1800 hat sich diese beachtliche Zahl an Schnapsbrennern bei rund 3.500 Einwohnern weiter erhöht. In fast jedem der vier aus den älteren und nur in Teilen deckungsgleichen „Eggen" hervorgegangenen Quartiere sind nun bereits zwei hauptberufliche Brenner zu finden und damit eben so viele wie die sieben Brauer. Man konkurriert in Heide bereits auf Augenhöhe um die Gunst des genusssüchtigen Publikums.

Dabei scheinen die Heider keine größeren Saufbolde oder Schluckspechte als ihre Dithmarscher Nachbarn. Sie sind in erster Linie geschäftsorientiert und versorgen kaufmännisch geschickt, trotz obrigkeitlicher Handels- (nicht Produktions-) beschränkungen, das an für die Herstellung notwendigem Feuerungsmaterial noch ärmere Umland der Marsch gleich mit.

Häufig ist der wöchentliche Markt Anlass für die kleinteilig unter dem großfürstlichen, später königlich dänischen Radar gehandelten Wochenrationen, die so auch gelegentlich im Gepäck der heimreisenden Händler selbst das nähere nordfriesische oder fernere holsteinische Umland erreichen.

Schnaps spielt aber nicht nur als Ware eine wesentliche Rolle im allgemeinen Markttreiben. Ein erfolgreicher Großviehhandel zu Osten des Marktes wird nicht nur mit traditionellem Handschlag, sondern regelmäßig auch gern mit einem guten „Köm" besiegelt. Und zwischen ausgeläuteten erfolgreichen Markthandel und Heimreise passt eigentlich jeden Sonnabend noch ein guter Plausch und ein die Zunge lockernder Tropfen in einem der zahlreichen Gasthäuser rund um den Markt.

Bevorzugter, weil allein in ausreichendem Umfang verfügbarer Brennstoff ist im Dithmarschen des 18. und 19. Jahrhunderts der heimische Torf. Erhaltene Materiallisten der Heider Brennereien zeigen die herausragende Bedeutung des braunen Geestgoldes für die Produktion. In einer zur Effizienzsteigerung anregenden obrigkeitlichen Erhebung des Jahres 1810 geben alle inzwischen bereits neun Schnapsbrennereien in Heide an, ausschließlich mit „schwarzem gestochenen Torf" zu feuern.[10]

Der Export ins regionale Umland sorgt für eine hohe Marktdurchdringung, stetig steigende Kaufkraft und gute Laune rund um den prosperierenden und in steten Torfrauch gehüllten Heider Markt.

Im Vergleich mit den über 200 Schnapsbrennereien allerdings, die z.B. 1815 in der rund 15.000 Einwohner zählenden nordischen Rum-Hochburg und Handelsdrehscheibe Flensburg genannt werden, ist selbst die Dithmarscher Brennermetropole nahezu asketisch zu nennen.[11]

Erst seit kurzer Zeit brennt in Heide 1810 auch der zuvor (z.B. noch 1803) nur als Bäcker in Erscheinung getretene und mit einer Enkelin des einstigen Heider Baumeisters Schott verheiratete Jacob Diedrich Peters (1770-1817) zu Norden des Marktes, genau gegenüber dem Viehmarkt, mit dem knappen lokalen Torf zusätzlich zum täglich Brot einen neuen Schnaps. An gleicher Stelle war bereits sein Vater Hans Peters nicht nur als erfolgreicher Bäcker tätig, sondern bekleidete zeitweilig auch das Amt eines Kirchen- und Kirchspielvorstehers.

Vormalige Bäckerei und Schnapsbrennerei Peters/Söth (Mitte)
links das alte landschaftliche Haus (später Heider Hof) - Aufnahme um 1860

Nach Jacob Diedrich Peters vergleichsweise frühem Tod wandert diese aus einer örtlichen Traditionsbäckerei der Norderegge hervorgegangene junge Schnapsdestille durch Heirat zur alteingesessenen Heider Brennerfamilie Söth (Stammhaus in der Norderstraße/An der Weide), wandelt sich in der Folgegeneration zur Weinhandlung Söth und wird schließlich zur Weinhandlung Coltzau. Deren Weinkeller ist in Teilen noch heute im Untergeschoss der genossenschaftlichen Bank an der Ecke zum Schuhmacherort erhalten.

Ehemalige Branntweindestille Abraham/Arens
(helles größeres Gebäude in Bildmitte über der Straße), Aufnahme um 1860

In der benachbarten Heider Österegge, nur einmal um die Ecke nach Norden und über die Straße, ist der Sohn eines aus Albersdorf zugewanderten Kornhändlers früh zu Vermögen gekommen und mehrt es im 18. Jahrhundert reichlich, auch durch die eigene Veredlung von Getreide. Johann Arens (1730-1809), der mit seinem Gewerbe bereits viele Jahrzehnte vor Peters im Schuhmacherort hochprozentig tätig ist, kommt neben umfangreichem Landbesitz schließlich sogar als Folge seines „erbrannten" Vermögens als Landesgevollmächtigter zu größtem Einfluss in der Region.

Seine Nachkommen- und Verwandtschaft, auf die wir im weiteren Fortgang der Geschichte noch zahlreich stoßen werden, wird im 19. Jahrhundert wie keine andere Familie die wirtschaftliche und auch bauliche Entwicklung Heides bestimmen. Arens betreibt eine der ältesten Destillen Heides, die vermutlich aus dem Vorbesitz seines Großvaters mütterlicherseits stammt.

Vormalige Brennerei Thedens (ganz rechts)
in der Bildmitte das fürstliche Haus an der Marktostseite, Aufnahme um 1920

Auch der zum Grand Seigneur Arens 27 Jahre jüngere Peter Thedens (1757-1826) hat bereits zur Jahrhundertwende als amtierender Kirchen- und Kirchspielvorsteher die Brennerei seines gleichnamigen verstorbenen Vaters übernommen und brennt bereits vor Peters routiniert seine Heider Schnäpse.
Der ältere Vater Peter Thedens war ebenfalls in exponierter Weise, wie fast alle Brauer und Brenner, als zeitweiliger Kirchspielvorsteher im Gemeindeleben besonders stark engagiert.

Thedens Junior ist nun an der Ostseite des Marktes sogar in Spuckweite schräg gegenüber von Jacob Diedrich Peters, der zudem ein Patenkind seines Vaters und damit mit der Familie Thedens auch freundschaftlich eng verbunden ist, zwei Häuser rechts des „fürstlichen Hauses" (s.u.) in Ergänzung eines neuerdings aufgezogenen Pferdehandels als gewerblicher Branntweinbrenner aktiv. Er erzeugt damit ganz neue Synergien im örtlichen Gewerbe. Den zur Besiegelung manch Pferdekaufs üblichen Schnaps - der Viehmarkt findet direkt vor seiner Haustür statt - kann er aus eigener Familienproduktion gleich mitliefern.

Der um die Jahrhundertwende einzig noch aktive Brauer der alten Österegge, Zacharias Kruse (1754-1821), braut - ebenfalls in bester Familientradition und repräsentativer Lage - sein Bier nur wenige Schritte weiter an der Ecke zur Österstraße. Hier wirkte wohl auch schon sein Vater Michael Kruse als brauender und mit Brenner „Vullmacht" Johann Arens aus dem Schuhmacherort gut befreundeter Kirchspielvorsteher und -deputierter in der zweiten Hälfte des 18. Jahrhunderts für das Gemeinde- und Wirtschaftsleben Heides und besonders der Österegge.

Das Gebäude der Traditionsbrauerei Kruse, das heute ein Café an der Ecke Markt/Friedrichstraße beherbergt, wird auch noch Jahrzehnte nach Kruses Tod im weiteren Verlauf des 19. Jahrhunderts – und zur Blütezeit der Sturm laufenden Mäßigkeitsvereine - von seinen aus dem Wesselburener Raum zugezogenen geschäftlichen Nachfolgern Her(r)mann als Brauerei am Heider Markt genutzt. Da der gleichnamige Großvater Matthias des von den Vereinen bedrängten Brauers Her(r)mann einst nach dem Spanischen Erbfolgekrieg als Malzer und Kesselhändler aus dem niederländischen Herzogtum Brabant nach Norderdithmarschen kam, könnte der Enkel hier zur Mitte des 19. Jahrhunderts mit Bezug auf das Brabanter Wappentier nun ein Heider „Löwenbräu" fabrizieren.
Vorgehender alteingesessener Brauer Zacharias Kruse ist – neben anderen Verbindungen, auf die wir noch stoßen werden - ein älterer Bruder des Hemmingstedter Pastors Peter Kruse (1757-1826), der ebenfalls hier an der Südostecke des Heider Marktes zwischen Bierfässern aufgewachsen ist. Pastor Kruse wird nicht der einzige „Seelsorger" Dithmarschens bleiben, der sich in den kommenden Jahren mit den sowohl Freud als auch Leid bringenden Folgen seines familiären Gewerbes auseinanderzusetzen hat.
Im zweiten Heider Quartier (Fleckensviertel), das vormals ebenfalls in weiten Teilen zur alten Österegge gehörte, wird zur Jahrhundertwende Branntwein auch bereits von dem erst jungen gebürtigen Gaushorner Claus Ralfs (1774-1867), dem „Benjamin" der Heider Brenner, in der Österstraße schräg gegenüber von Kruse destilliert. Zu gleicher Zeit betreibt dessen Vater Claus Ralfs Senior eine vom Durchgangsverkehr der Landstraße profitierende Krugwirtschaft in Gaushorn, in der seit wenigen Jahren bevorzugt die Erzeugnisse seines Sohnes ausgeschenkt werden dürfen.

Osten am Markt.

Ehemalige Brauerei Kruse/Hermann (ganz rechts)
auf der Ostseite des Heider Marktes
Aufnahme um 1900

Junior ist auf der Südseite der Heider Österstraße auf Höhe der heutigen Rosengasse tätig und damit an gleicher Stelle, an der bis in die jüngere Zeit hinein „Köm-(Heinrich) Off" dem Gewerbe treu blieb.[12] Der fortan in Heide nur „Clas" gerufene Ralfs Junior hat 1798 die früh verwitwete und ihm gegenüber 20 Jahre ältere Tochter Sara (1754-1837) des Peter Thedens Senior geheiratet und ist nun also nicht nur ein Schwager sondern auch ein weiterer Konkurrent des Branntweinbrenners Peter Thedens, dem Jüngeren, vom Markt.

„Clas" wird einige Jahre später noch in einer ganz anderen Funktion in Heide aktiv und allseits bekannt. Er bringt als Laienorganist in der St. Jürgen-Kirche mit seiner musikalischen Fingerfertig- und Feinfühligkeit auch andere hochgeistige Genüsse unters Heider Volk.

15

Nach dem Tod seiner deutlich älteren ersten Frau, die ohne Kinder aus dieser Ehe bleibt, wird der bereits 65-jährige Ralfs 1839 in zweiter Ehe die zu ihm über vierzig Jahre jüngere Nachbarstochter Margaretha Elsabe (1818-1881) heiraten und mit dieser auf dem Höhepunkt der Branntweinpest noch mindestens sechs späte Kinder zeugen. Die nachbarschaftliche Heirat ist für den nun längst zum „Methusalem" Gereiften in mehrfacher Hinsicht praktisch und bequem, denn sein neuer und ihm gegenüber sogar jüngerer Schwiegervater Christian Anton Friedrich Schreiner(t) (1786-1856) stellt auf der anderen Seite der heutigen Rosengasse Fässer her. Ralfs sämtliche Erzeugnisse sind im neuen Familienverbund somit bestens aufgehoben.

Nur wenige Schritte weiter westlich, auf Höhe des heutigen Böttcher-Rondells und damit genau gegenüber von Brauer Kruse, produziert an ebenfalls prominenter Stelle bereits der nächste Destillateur Lüdert Ludwig Schmidt (1755-1833). Schmidt ist ein in Weddingstedt geborener Pastorensohn mit älteren Heider Wurzeln, der im Laufe des Jahres 1793 nach Heide, auch der Heimat seiner zweiten Frau (und Cousine) Lucia Franziska Ohlsen (1761-1831), gekommen ist, nachdem er sich zuvor in erster Ehe zehn Jahre in Meldorfs Burgstraße als Gewürzhändler versuchte.

Ehemalige Brennerei Lüdert Schmidt (ganz links) am Übergang Österstraße-Markt, die drei folgenden Häuser sind die Vorgängerbauten von Böttcher/Ramelow auf der rechten Bildseite das Eckhaus der ehemaligen Brauerei Kruse
Aufnahme um 1900

Schmidt ist somit auch in Heide von Anfang an bestens vernetzt. Als Kindspatin setzt er beispielsweise 1794 eine Anna Magdalena Christiana geb. Eggers (1760-1841) ein, eine späte Tochter des bereits 1764 verstorbenen vormaligen Heider Bierbrauers aus der Österstraße – zwei Häuser links von Brenner Ralfs - Hans Eggers und zu diesem Zeitpunkt Frau des ehemaligen Landesgevollmächtigten Paul Diedrich Koch.

Von dieser nun Witwe Koch erwirbt einige Jahre später (1799) der Groth'sche „Duewelskerl" Matthias Reinhold Nissen das wenige Schritte weiter gelegene Haus mit rückwärtiger Rossmühle am Markt. Hierzu mehr bei der später folgenden genaueren Schilderung der Zustände zu Süden des Heider Marktes im Kapitel „Von Schule und Schnaps".

Ebenfalls eine Patenschaft bei Schmidt übernimmt die Frau des Brenners und Landesgevollmächtigten Johann Arens aus dem Schuhmacherort. Die in der zweiten Hälfte des 19. Jahrhunderts von seinem Sohn Lüdert Schmidt weiterbetriebene Destille ist im Heider Vergleich – mindestens in seiner baulichen Ausführung zur vorderen Österstraße hin - eher klein, dafür vielleicht aber exklusiver. Schmidts Erfahrungen mit Gewürzen lassen für seine Erzeugnisse eine besondere, den Rachen ordentlich putzende Note erahnen.

Einer der noch wenigen bedeutenden Bierbrauer Heides zur Wende auf das 19. Jahrhundert, der ältere Kirchenvorsteher Hinrich Magnus Wördenhoff (1726-1804) ist ein weiterer Schwager des Peter Thedens vom Markt und Ralfs aus der Österstraße. Er verzapft seine Bierfässer in der Süderstraße für das dritte und weitgehend mit der alten Westeregge deckungsgleiche Quartier und die umliegende trinkfreudige Marsch an der Ecke zur Peststraße (heute Süderstraße 10 und 12 an der Ecke Louisenstraße). Dessen Brauhaus und Fasslagerung befinden sich auf Höhe des heutigen „Heider Eiskellers von 1888".

Nach dem Tod Wördenhoffs geht diese alte Heider Traditionsbrauerei im Verlauf der folgenden Jahrzehnte u.a. an den aus der Neuenkirchener Marsch zugewanderten jungen Johann Jacob Albers, der sich dann auch mit den entstehenden Mäßigkeitsvereinen auseinanderzusetzen haben wird.

Zum Ende des 19. Jahrhunderts, nach Niedergang der Vereine und Tod des Jacob Albers, werden Teile der alten Brauerei schließlich zur Schlachterei Albers. Die noch in Teilen erhaltenen, einen guten Meter dicken Kellerwände des heutigen „Eiskellers" an der Louisenstraße, die zuletzt die Kühlräume der Schlachterei umgürteten, dürften in ihrer Grundsubstanz die Umrisse der älteren Fasslagerstätte der Brauerei Wördenhoff bezeichnen.

Bereits in einem detaillierten Ortsplan von 1756 ist an gleicher Stelle ein rückwärtiges Gebäude der alten Heider Brauerei verzeichnet, an die sich um 1800 westlich erst in einiger Entfernung eine alte kleine Lohgerberei (Zismer) anschließt.

Doch vor weiterer Beschreibung der alkoholischen Gewerbebetriebe der Zeit in Heide, zunächst zurück zur Analyse des sich im Zeitablauf des 18. und 19. Jahrhunderts langsam wandelnden Geschmacks des Publikums.

Bier ist in Dithmarschen am Beginn des 19. Jahrhunderts - und v.a. außerhalb Heides - über alles gesehen immer noch die nachhaltig von der Masse bevorzugte Form von Trinkgenuss.

Den mit deutlich höherem Alkoholgehalt versehenen und ursprünglich ausschließlich auf Traubenbasis produzierten französischen Brannt-"Wein" oder den karibischen Rum aus Zuckerrohr, den man in den Herzogtümern meist über Flensburg, aber auch

Willkommspokal
von 1764
des Meldorfer
Schneideramts

aus Hamburg bezieht und früh nach englischem Vorbild als mit „Muskat und Zitrone" gewürzten Punsch, mal warm, mal kalt genießt, kann man noch unter luxuriöser und teilweise ritueller Lebensfreude abtun.

Diese ist häufig genug noch einer überschaubaren gehobenen Schicht kleinstädtischer Bürger und Handwerksmeister vorbehalten. An entsprechend zünftige Aufnahme-rituale erinnern u.a. deren „Willkommspokale" des 18. Jahrhunderts, die im Dithmarscher Landesmuseum zu bewundern sind.

Während die Meister sich allerdings zu besonderen Anlässen mit dem exquisiten und häufig exklusiven Import vergnügen, trinken die Zünfte („Ämter") regelmäßig bei größeren Zusammenkünften, bei denen auch die Gesellen anwesend sind, in

„geselliger Runde" also, überwiegend das günstigere Bier. Beliebtes Straf- und Trinkmaß bei vielfältig denkbaren und regelmäßig belegten Vergehen ist die Tonne (ca. 120 Liter), im Falle kleinerer Delikte der Anker (ca. 36 Liter).

Doch dann bringen die kriegerischen Wirren des napoleonischen Wirkens die bis dato immer auch beschwerliche, aber robuste Ordnung selbst im etwas abseitigen Dithmarschen ins Wanken. Vorbei ist es mit der 100-jährigen Ruhe des Nordens.
Im Gefolge des dänischen Staatsbankrotts erodieren Grundstücks- und Getreidepreise. Der Weizenpreis pro Tonne sinkt von 40 Mark (= ca. 1.500 Euro) Spitzenpreis im Boomjahr 1801 über 25 Mark im Staatsbankrottjahr 1813 zum absoluten Tiefpunkt auf unter 5 Mark im Agrarkrisenjahr 1825. Das stetig wachsende Armenwesen bekommt auch im ländlichen und vorindustriellen Dithmarschen eine neue soziale und gesellschaftliche Relevanz. Die Historiker haben das Schlagwort des „Pauperismus" parat.
Mit der Niederlage Napoleons auf den Schlachtfeldern von Waterloo wurde auch das Schicksal der bereits bei Verkündung mehr wirtschaftlich denn militärisch intendierten „Kontinentalsperre" besiegelt. Die zuvor über viele Jahre abgeriegelte und vor großer britischer (und das bedeutet globaler) Wirtschaftsdominanz „behütete" kontinentale Landwirtschaft wurde quasi über Nacht wieder für überseeische und in der Mehrzahl über britische Kaufleute initiierte Rohstoffimporte geöffnet, mit katastrophalen Folgen auch für die Landwirtschaft im Norden.
Auch in Dithmarschen wird weitflächig Wohlstand in allen besitzenden Klassen vernichtet, rutschen im Zuge der großen kontinentalen Agrarkrise 1819-1829 zahllose der v.a. in der Marsch meist grundbesitz- und nun häufig auch noch arbeitslosen Tagelöhner an oder unter die Armutsgrenze. Vielerorts können Land besitzende Groß- und Kleinbauern Konkurse nicht mehr vermeiden. Zahlreichen alteingesessenen Familien droht Hofverlust und ein sozialer Abstieg bisher ungekannten Ausmaßes. Teile der noch ärmeren Bevölkerungsschichten rutschen immer häufiger ins perspektivlose Elend ab. Eine Industrie, die die in der rezessiven Agrarwirtschaft zunehmend freigesetzten Knechte, Tagelöhner und Kleinbauern aufnehmen könnte, ist noch nicht entwickelt.

Die Agrarkrise führt neben der allgemeinen Bedrückung der Landwirtschaft auch in Dithmarschen zu unterschiedlichen Entwicklungen, letztendlich aber zu einer gemeinsamen gesellschaftlichen Konsequenz. Die Landwirte gieren im Zuge des immer größeren Preisverfalls bei Getreide nach Alternativen. Schnapsbrennen wird nun allerorts sowohl als Gewerbe als auch rasant wachsender Absatzmarkt attraktiver, insbesondere weil der Rohstoff günstiger wird und die Abfallprodukte der Destillation zudem als Dünger in der Landwirtschaft wieder einsetzbar sind.
Und auch die Kartoffel und der daraus zu gewinnende Schnaps wird ab 1830 als bisher vernachlässigtes und eigentlich meist zuvor nur zur Viehfütterung

herangezogenes Anbauprodukt neu entdeckt. Wenngleich der Kartoffelschnaps in Dithmarschen, im Unterschied zu östlicheren Landesteilen Holsteins, nach einer ersten allgemeinen Begeisterungswelle zur Mitte der 1830er Jahre zumindest nicht dauerhaft an die Verbreitung des nachhaltig bevorzugten Korns oder später Kümmels heranreichen wird.[13]

Die Heider Branntweinbrenner des Jahres 1810 verwenden noch ausschließlich Roggen und Malz für ihre Fabrikate. Einige setzen noch etwas Hafer zu. Die anderenorts übliche Zugabe von Bier beim Brennvorgang wird in Heide nicht praktiziert. Sinkende Preise für Schnaps und gleichzeitig stetig steigende Nachfrage verdrängen im norddeutschen Raum in der Folge zunehmend das niederprozentige und häufig noch qualitativ minderwertige Bier aus der Gunst des aus vielfältigem Frust rasch trinkfreudiger und zahlreicher werdenden Publikums.[14]

Erst in der Verbindung von Tradition mit diesem in der ersten Hälfte des 19. Jahrhunderts neuen Phänomen einer breiteren Armut der unteren Klassen, in der Kombination von Trinklust und Lebensfrust, von gelegtem Fundament aus althergebrachten Trinkgewohnheiten und einer neuen drückenden sozialen Not, entsteht auch im ländlichen Dithmarschen allmählich eine das ohnehin zunehmend depressive Gemeinwesen gefährdende „Branntweinpest".

Der Blick der Biedermeier-Zeit ist geschärft für die gesellschaftliche Problemstellung und herausgefordert zugleich. Das von direkter politischer Einflussnahme noch weitgehend ferngehaltene Bildungsbürgertum will und muss etwas tun und weiß bald eine Form routiniert zu nutzen, die in diesen Tagen als legitimes Medium einer gestaltenden Kraft im kommunalen Bereich auch im absolutistisch-liberal geprägten dänischen Gesamtstaat gestattet und angesagt ist - den Verein.

Ein Apostel auf Heider Bühne

Die Anfänge der Mäßigkeitsbewegung auf dem Höhepunkt der Branntweinpest.
Die Bewegung betritt erstmals die Dithmarscher Bühne und diese liegt mitten im gesellschaftlichen Herz Heides zu Norden des Marktes.
Mehrere, teils überraschende amerikanische Bezüge bilden eine Klammer.

Die Anfänge der „Temperenz", einer modernen und bewussten Enthaltsamkeits- und Abstinenzidee mit Rückbesinnung auf die urchristliche Tugend der „Temperatia" finden sich in Nordamerika. Auf dem geistigen Fundament von Puritanismus und Calvinismus entsteht schon ziemlich genau 100 Jahre vor der auch cineastisch umfänglich nachbearbeiteten Prohibition des 20. Jahrhunderts bereits in den späten 1820ern eine erste breit basierte amerikanische Antialkoholbewegung, die „American Temperance Union".
Als einer ihrer rührigsten Missionare tritt der aus Pennsylvania stammende Robert Baird (1798-1863) in Erscheinung. Der ausgebildete Lehrer und zunächst als Gelegenheitsprediger tätige Baird wird im Hauptberuf Bibelverkäufer für die American Bible Society und Agent der American Sunday School Union.
Sehr zügig entwickelt er einen Grenzen überschreitenden missionarischen Eifer, um das stetig wachsende Übel bei der Wurzel zu packen. Denn ein auffällig großer Teil des amerikanischen Alkoholismusproblems entsteht nicht vor Ort, sondern wird über die Scharen dem heimischen Frust entfliehender europäischer Einwanderer aus der alten in die neue Welt importiert.
Als „Reverend" tritt Baird 1835 eine mehrjährige Propagandareise nach Europa an, auf der er u.a. 1837 am preußischen Hof empfangen wird und seine „präventiven" Ideen und Schriften vorlegen kann.[15]Hier in Berlin wird auch seine „Geschichte der Mäßigkeitsbewegung in den Vereinigten Staaten Nord-Amerikas" noch im gleichen Jahr in deutscher Sprache veröffentlicht. Eine Initialzündung für die rasante Verbreitung der Mäßigkeitsidee auch in Deutschland.

Innerhalb kürzester Zeit werden zwei Männer, obwohl konfessionell getrennt, zu maßgeblichen und kooperierenden Trägern der vom preußischen Thron wohlwollend unterstützten Bewegung diesseits des Atlantiks. Während fortan im Süden

21

„Reverend"
Robert Baird

Deutschlands der katholische Osnabrücker Kaplan Johann Matthias Seling (1792-1860) „ruhmreich" wirkt, prägt der protestantische Pfarrer Heinrich Johann Böttcher (1804-1884) von Imsen bei Alfeld im Königreich Hannover aus mit seinem Wirken die Bewegung in Norddeutschland.

Früh ist er mit Bairds Schriften in Berührung gekommen und fühlt sich inspiriert. 1840 veröffentlicht Böttcher erstmals den *„Branntwein-Feind"*, eine *„Zeitschrift für die Angelegenheiten der Mäßigkeitsvereine in Nordwestdeutschland"*, die seit 1837 zahlreich aus dem Boden sprießen. Weitere Publikationen folgen, die ebenfalls wesentlichen Einfluss auf die Entwicklung in Holstein und Dithmarschen haben werden.

Böttcher ist es auch, der in seiner *„Geschichte der Mäßigkeits-Gesellschaften in den norddeutschen Bundes-Staaten oder General-Bericht über den Zustand der Mäßigkeits-Reform bis zum Jahre 1840"* im Folgejahr 1841, auf der Grundlage von Daten aus dem kirchlich verantworteten Armenwesen, den Handlungsbedarf für das Herzogtum Holstein statistisch ausleuchtet[16].

Für das „dänische" Holstein werden auf die ca. 440.000 Einwohner rund 8.800 „Säufer und Trunkenbolde" ausgemacht. Dazu kämen für Lauenburg bei 38.000 Einwohnern nochmals 760 starke Trinker.

Die Mäßigkeitsgesellschaften identifizieren in diesen Jahren 2% der Gesamt-bevölkerung des Herzogtums als der Trunksucht erlegen. Deutschlandweit kommt die Erhebung sogar auf geschätzte rund 3%. Spitze eines Eisbergs und ein breites Feld zugleich für eine beginnende Lobbyisten-Arbeit, die landesweit v.a. im Bildungsbürgertum und Teilen der Geistlichkeit, die ohnehin zuständig für die Armen-versorgung und damit direkt von dem Problem auch weltlich betroffen ist, auf lebhaftes Interesse stößt.

Auch im zum dänischen Staatsverbund gehörenden Herzogtum Holstein fasst die Bewegung bereits in den ersten Wochen Fuß. Schon im März 1837 entsteht im Gut Bothkamp bei Schillsdorf im Kirchspiel Kirchbarkau ein zunächst ausschließlich Männern vorbehaltener Mäßigkeits- und Enthaltsamkeitsverein mit 65 Gründungsmitgliedern. Das Gut befindet sich seit 1812 im Besitz des in Glückstadt als Landratssohn aufgewachsenen Geheimen Konferenzrats Detlev Heinrich von Bülow (1782-1855).
Unter dem Vorsitz dessen rührigen Gutsinspektors Hansen strahlt die Idee von hier zuerst im Osten des Herzogtums aus. Es folgen Vereinsgründungen in Lensahn (1838) und Oldenburg (1840), in den nächsten zwei Jahren weitere, u.a. 1841 auch ein reiner Frauenverein auf Gut Bothkamp.[17]

Eine wichtige Quelle der Ausführungen über die etwas später einsetzende Vereinsentwicklung in Dithmarschen sind die detaillierten Ausarbeitungen des 1862 in Bokel bei Nortorf geborenen Dr. phil. (Jürgen) Christian Stubbe, der als Sohn eines auch zahlreiche Brauer und Brenner mit Rohstoff beliefernden Müllers geboren, aber im nicht nur bezüglich Alkoholkonsums „sündigen" Hamburg aufgewachsen ist.
Dr. Stubbe wirkt ab April 1892 als Pastor an St. Jakobi in Kiel, war aber zuvor von 1889-1892 in Büsum bzw. davor drei Jahre als junger Hilfsprediger in Boel und auch Weddingstedt tätig[18] und demzufolge auch in späterer Zeit nicht nur an den Dithmarscher Verhältnissen interessiert, sondern über persönliche Kontakte auch gut informiert.
Er veröffentlicht die Geschichte der älteren Mäßigkeitsbewegung in mehreren Teilen 1904/1905 in „Der Alkoholismus – Zeitschrift zur wissenschaftlichen Erörterung der Alkoholfrage", als längst eine zweite große Bekehrungswelle - dieses Mal maßgeblich befördert durch die 1852 ebenfalls in Amerika initiierte „Guttempler"-Logen-Bewegung - durch das Kaiserreich schwappt.

Deren Logo wird u.a. in Meldorf um 1900 über dem Eingang einer „alkoholfreien" Gastwirtschaft in der Norderstraße 34 prangen, schräg gegenüber der alten Bütje-Brauerei des 17. Jahrhunderts. Das weithin sichtbare Logenkürzel

J.O.G.T. - Independent Order of Good Templars

werden vom erneuten Temperenz-Humbug genervte Mitbürger allerdings scharfzüngig als „Jüm Ole Grog Trinkers" im Sinne der lokalen Muttersprache „plattdüütsch" umdeuten.

J.O.G.T. - Alkoholfreies Guttempler-Logenhaus in Meldorfs Norderstraße 34

Auch der jüngeren Mäßigkeitsbewegung, die ab 1873 in Norddeutschland wirkt, wird man noch viele Jahrzehnte nach der ersten Welle nicht nur „Moral-Apostelei", sondern auch eine gute Portion Heuchelei vorwerfen. Es ist pikanter Zufall oder gezielte Provokation, dass das Logenhaus genau rückwärtig angrenzend - Rücken an Rücken, wie zum Duell bereit – zu der in diesen Jahren neuesten und größten Brauerei Meldorfs liegt. Letztere wird an der Promenade zu Füßen der Nordermühle von 1856-1926 betrieben.

Ihren Anfang nimmt die frühere erste Dithmarscher Mäßigkeitsbewegung laut Stubbe wohl in Hamburg. Im Oktober 1840 wird auch dort nach einer Rede Reverend Bairds in der Börsenhalle ein Verein gegründet.
Bei einem ersten großen öffentlichkeitswirksamen Werbeumzug im Vorfeld mit Fahnen, Bannern und Musikchören wird von der Hamburger Presse die Zahl der Teilnehmer und Zuschauer am sommerlichen 8. Juni 1840 auf über 30.000 geschätzt.[19]

Unter diesen könnten sich bereits einige Dithmarscher Schaulustige befinden, die hier erste gedankliche Tuchfühlung mit einem ganz neuen und faszinierenden Ansatz zur Rückbesinnung auf die von Neocorus beschworene „*Metigkeit*" aufnehmen.

Gut eineinhalb Jahre später visiert der missionarische Eifer zweier rühriger Agitatoren dieser jungen und vitalen Hamburger Bewegung dann auch die Mitte und den Westen des benachbarten Herzogtums Holstein an. Bisher weitgehend ein weißer Fleck auf der Karte der organisierten und stetig wachsenden neuzeitlichen Mäßigkeitsbewegung "à la Baird" in deutschen Landen und anderenorts auf dem Kontinent.

Auf Anregung von Pastor Böttcher in Imsen entschließt sich der kopf- und kapitalstarke Hamburger Mäßigkeitsverein - im Jahr 1842 des großen Hamburger Brands bereits über 1.600 aktive Mitglieder - neben einer deutlich verstärkten Pressearbeit auch zu selbstfinanzierten Aufklärungsreisen in die nordelbisch-dänische Provinz.
Im Vorfeld einer für den August 1843 in Hamburg geplanten ersten „Generalversammlung der Deputierten der deutschen Enthaltsamkeits- und Mäßigkeitsvereine" will man die nächste Stufe hin zu einer Massenbewegung nehmen und sieht gute Möglichkeiten, den eigenen Einflussbereich vorrangig im Norden zu erweitern, während das südelbische Umland von den preußischen und Hannoveraner Vereinen unter direkter Aufsicht von Pastor Böttcher bearbeitet wird.

Dithmarschen wird im Frühjahr 1843 von einem der beiden geistigen Führer der Hamburger Bewegung, Prof. Dr. Johann Georg Büttner (1809-1876), bereist[20]. Büttner lebte selbst von 1834 bis 1841 für einige Jahre als junger Einwanderer in Amerika, erlitt das soziale Übel in engster Tuchfühlung mit dem Milieu und erlernte den dortigen Umgang mit der Materie. Seine persönlichen bitteren Erfahrungen im Umfeld der ebenfalls stark von Alkohol durchseuchten deutschen Einwandererszene sind in seinen Berichten umfangreich nachzulesen.
Unentrinnbare und allgegenwärtige Übelkeit wird danach auf den unteren Decks der Segler weit weniger allein durch Wellengang und Seekrankheit als vielmehr häufig auch durch exzessiven Schnapsgenuss genährt. Gegen Ende der langen und unkomfortablen Atlantiküberquerungen kommen dann nach Verzehr auch des letzten flüssigen Reiseproviants schwerste Entzugssymptome hinzu, die das Klima zwischen den auf engstem Raum zusammengepferchten Auswanderern zu einem hochexplosiven Gemisch machen können.
Ausgetrocknete Glücksritter preschen nach endlich überstandener Einreiseprozedur als erstes in eine der wartenden und von Einwanderern der Vorgeneration längst erfolgreich betriebenen Schenken, besorgte Familien im Schlepptau, und plündern die ohnehin meist knapp bemessene Reisekasse. Manch hoffnungsvolle Auswanderung endet frühzeitig in den stetig wachsenden Slums der Einreisehäfen der amerikanischen Ostküste.

Seine „Professur" erlangt der aus Thüringen stammende US-Einwanderer Büttner am theologischen Seminar der hochdeutsch-reformierten Synode von Ohio[21] und ist damit bei seinen späteren Vorträgen in der alten Heimat eher ein Prediger amerikanischen Stils denn nüchtern trockener Hochschullehrer deutscher Provenienz.

Bei seinem ersten Auftritt in Hamburg in der Vorweihnachtszeit 1841 springt die gegenüber der Bewegung erkennbar distanzierte und fast „süffisante" Presse noch wenig freundlich mit dem erst jüngst Heimgekehrten um. Die Redaktion der Hamburger Nachrichten bezeichnet ihn zunächst schlicht und herablassend als „ein Herr Büttner, ein Geistlicher aus New York", muss diese Darstellung allerdings bereits wenige Tage später dahingehend korrigieren, dass er ein promovierter Prof. Dr. aus Canton, Ohio sei.[22]

In Kooperation mit und wohl auf Einladung von einigen bereits seit geraumer Zeit engagierten und interessierten Dithmarschern, auf die noch weiter eingegangen werden wird, werden Auftritte Büttners zunächst in Heide, Wöhrden und Lunden organisiert.

Diese mit reichlich Sendungsbewusstsein aufgeladenen „Shows" haben aufgrund der exotischen Vita des Vortragenden und dessen wohl ungewohnten und charismatischen Auftritts auch in Dithmarschen anscheinend nicht nur einen hohen Unterhaltungswert, sondern auch eine erhebliche, eine nahezu „kometengleiche"[23] Resonanz. Sie ziehen mindestens drei unmittelbar folgende Vereinsgründungen in Dithmarschen nach sich.

Eine sowohl attraktive als hierfür auch nahezu alternativlose Lokalität für die im Frühjahr 1843 terminierte Heider Agitation Büttners ist – Jahre vor dem Bau von „Blunck'schem Etablissement" (Tivoli) oder später „Bossels Kaisersaal" (Stadttheater) - das zu dieser Zeit gerade frisch renovierte „Local des Herrn Wilde am Markt", in dem die Heider seit den frühen 1840er Jahren auch in nun neuem und zeitgenössisch modernem Ambiente gastierende Theatergruppen willkommen heißen.

Es ist der erste feste Bühnenbau, der in Heide betrieben wird. Zuvor schlugen durchreisende Gaukler, Tanz- oder Theatergruppen ihre provisorischen Bühnen unter freiem Himmel auf dem Markt oder in freigeräumten Ställen oder Scheunen auf, übliche Auftrittsorte in ländlichen Regionen. [24]

Besagter Herr Wilde hat das Gebäude an der Nordseite des Marktes 1831/32 von der Familie eines Peter Ernst Gerritz Senior übernommen, der an gleicher Stelle bereits im 18. Jahrhundert über viele Jahrzehnte sowohl eine Gaststätte als wohl auch einen umfangreichen Kornhandel betrieb.

Bei Gerritz konnten Landwirte aus dem Umland, die ihre Getreidelieferungen auf dem sonnabendlichen Markt nicht vollumfänglich abverkaufen konnten oder wollten, ihre Bestände über längere Zeit zwischenlagern, denn die Preise für das traditionell

Theater in Heide 1843
im „neu erbauten" Local Wilde am Markt

auf der gegenüberliegenden Südseite des Marktes in kleineren Mengen verkaufte Korn schwanken stark.

Dessen gleichnamiger Sohn Peter Ernst Junior (1755-1826) jedenfalls handelt später, in Abgrenzung zur „gastgebenden" verwitweten Mutter, im hinteren Teil des Grundstücks nach wie vor auch mit Getreide und führt zuletzt gemeinsam mit einer unverheirateten Schwester bis zu seinem Tod im Herbst 1826 auch die insbesondere von Reisenden geschätzte, weil Übernachtungsmöglichkeit bietende Gaststätte der verstorbenen Eltern. Nach dem Tod der älteren Jungfer Sophia Catharina Gerritz (1754-1831) gehen Gaststätte und Lagerhallen schließlich in Wildes Hände. In Teilen dieser alten rückwärtigen Speicher scheint Geschäftsnachfolger Wilde nun zu Beginn der 1840er Jahre seinen mit neuer Bühne ausgestatteten Veranstaltungssaal als Um- und Anbau zur vorderen Gaststätte einzurichten.

27

Wildes solide auf dem Fundament älterer Tradition ruhendes Heider Marktlokal ist mindestens von nun an für einige Jahrzehnte ein quirliges und unangefochtenes erstes Veranstaltungshaus und vielfältig kulturelles Zentrum am Platze.

Doch auch bereits unter seinen Vorbesitzern Gerritz scheint das Anwesen eine ganz besondere und vielschichtige Stellung im Flecken einzunehmen. Die Familie ist mit vermutlichen Eiderstedter und noch älteren holländischen Wurzeln schon im 17. Jahrhundert in Tönning und Heide nachgewiesen. An dieser Stelle ist herausragend zu nennen der 1703-1712 in Heide wirkende und später nach Rendsburg verziehende Organist Peter Gerritz (1681-1728). Dieser dürfte der Vater des älteren Wirts Peter Ernst (dann der laut Kirchenbuch 1711 in Heide geborene und zurückgekehrte Organistensohn Peter) sein.[25]

Laut dem bereits erwähnten ersten detaillierten *„Grund-Riß des Städtlein Heide"* aus dem Jahre 1756 führt allein zu diesem Gerritz-Bau zu Norden des Marktes rückwärtig ein präzise eingezeichneter „Weg" oder Trampelpfad über die noch von mehreren Pfuhlen durchzogene rückwärtige Brachfläche der Nordereggen-Weide.

In fast exakter Vorzeichnung der heutigen Tannenstraße verläuft er direkt vom Grundstück der Wirte Gerritz auf den nach Norden führenden *„Weg nach Weddingstedt und Lunden"*, der ansonsten als Hauptweg erst an der heutigen Kreuzung Tannenstraße auf die hier beginnende Bebauung der Weddingstedter Straße trifft und durch den Schuhmacherort weiter auf den Markt führt.[26]

Ein in der Todesanzeige für den Bruder 1826 vermerkter Hinweis der die Geschäfte zunächst weiterführenden Schwester an die „zahlreichen Reisenden", dass man „weiterfirmiere", deutet an, dass von diesem Gasthof wohl auch bereits im 18. und 19. Jahrhundert die ordentlichen Postkutschen über den „Trampelpfad" nach Norden bzw. nach Süden über Markt, Süderstraße und sich hieran nach Süden und Westen anschließende „Gastwurten" verkehren und Station machen. Der zentrale Gebäudekomplex vereint also bereits weit vor 1750 Gastwirtschaft, Kornspeicher und „die" Heider Poststation.

Wie gut und weit vernetzt der Wirt Peter Gerritz Senior ist, zeigen die Paten jenseits der Familie, die er im Laufe der Jahre für seine Kinder als Gunstbeweis und geschäftliches Band zugleich gewinnen kann. Neben der örtlichen und erweiterten Prominenz der Landschaft Norderdithmarschen, beispielsweise eines Heider Kornverwalters und Kaufmanns Paul Gerhard Arens (1705-1786) – Vater des Brenners Johann Arens – oder der Frau des Wesselburener Kirchspielvogts und seit 1755 amtierenden Landespfennigmeisters Marx Hinrich Voss (1714-1758), werden auch einige Hamburger Kaufleute als Gevattern der Kinder eingesetzt. Unter diesen z.B. ein Peter Rhöding, bei dessen Namen man unmittelbar an den Hamburger Rödingsmarkt erinnert ist.

Markt Nordseite mit „Trampelpfad" zur Hofstelle Gerritz -
Detailausschnitt Grundriss Heide von 1756

Die zentral zu Norden am Markt ohnehin sehr attraktiv platzierte Gaststätte, ihre rückwärtig durch den Plan von 1756 belegten zwei großen Speichergebäude und somit auch ihre Betreiber haben also in Heide seit langer Zeit eine herausragende Bedeutung, weil auch verkehrsgünstige direkte Anbindung an das nördliche Umland. Die Landstraße nach Weddingstedt ist, lange vor Bau und Besiedlung der Husumer Straße, die wichtigste Verbindung Heides mit dem nördlichen Teil der Landschaft um Lunden und dem über die Fähre nach Eiderstedt und weiter führenden Verkehr entlang der Küste bis nach Tondern und in das nördliche Jütland hinein.

Hier ankommender Waren- und Personenverkehr muss sich für einen Besuch der bei Gerritz und später Wilde stattfindenden Veranstaltungen, Feste und Aufführungen aber insbesondere auch Kornlieferungen also nicht zwingend der Enge und dem Gedränge des Schuhmacherorts oder gar des sonstigen Markttreibens aussetzen. Ein Verhaltensmuster und eine einzigartige Attraktivität der Lage, die auch in heutigen Tagen regelmäßig von vielen Heider Marktbesuchern nachvollzogen werden kann und wird.

Haus Wilde (Bildmitte) am Heider Markt (Nordseite)
mit dem für die erste Hälfte des 19. Jahrhunderts typischen Spitzgiebel mit Rundfenster
rechts die umgebaute alte Landvogtei (kurz vor ihrem Abriss) Aufnahme um 1890

Unmittelbarer Nachbar Gerritz/Wildes zur Rechten ist die alte Landvogtei. Hier residiert in Büttners Heider Auftrittsjahr 1843 zu Norden des Marktes der ehrwürdige Etatsrath und Dannebrogsmann Anton Christian Friedrich Griebel (1782-1855). Klaus Groth lässt ihn in seinen Erinnerungen der Jugendzeit auf einem Schimmel - *„jümmers op en Witten"* - durch Heide spazieren reiten.

Der ältere, längst emeritierte Griebel des Jahres 1843 allerdings setzt bereits andere Prioritäten und auf einen höheren persönlichen Luxus. Zu jedem Hofstaat, der etwas auf sich hält, gehört auch ein Leibarzt. So nimmt der Herr Landvogt im Vorruhestand in seinem hochherrschaftlichen Haus den Mediziner Dr. Michelsen als Untermieter (und Schwiegersohn) auf und nutzt viel häufiger neben Pferd auch den dazugehörigen Wagen. In seinem Haushalt lebt zumindest auch der persönliche Kutscher Marx Rohwedder.

Griebel war zu Jahresbeginn 1838, fünf Jahre vor den weiteren Ereignissen, der Gesundheit zuliebe vorzeitig von seinem Amt als Landvogt zurückgetreten, das er als unmittelbarer Nachfolger seines bereits an gleicher Stelle wirkenden Schwiegervaters Christian Matthias Jacob Johannsen (1747-1813) ab dessen Tod übernommen hatte.

Erbaut wurde diese Wildes neuem Lokal unmittelbar benachbarte „Landvogtei" im Jahre 1774 für Jacob Diedrich Arens[27], einen studierten Juristen, Korn- und Kirchspielschreiber in Heide, der zugleich ein fünf Jahre jüngerer Bruder des bereits genannten Branntweinbrenners Johann Arens aus dem Schuhmacherort und damit auch ein Abkömmling einer älteren Heider Brennerfamilie ist. Praktisch für einen die fürstliche Abgabenhoheit repräsentierenden Kornschreiber, direkt neben einer der größten Getreidelagerstätten des Fleckens (bei Nachbar Gerritz) zu residieren.

Nach Kornschreiber Arens allerdings zügiger, familiär begründeter Amtsniederlegung und Wegzug nach Kiel und später Bordesholm stand das erst vier Jahre alte und äußerst respektable Haus wohl dem aus dem Dithmarscher Süden (Marne) zugezogenen neuen Norderdithmarscher Landvogt Nicolaus Behrens (1734-1796) bereits unmittelbar ab Amtsantritt 1778 zur Verfügung und wurde also bald nach Errichtung auch zur Landvogtei.

Auch Behrens verzweigte Familie ist im Übrigen in Marne mit zahlreichen Wohlstand und damit auch Bildungsmöglichkeiten erzeugenden Brauer- und Brennerbezügen versehen.

Nach „Wiedervereinigung" der beiden Dithmarschen (1773) unter nun gemeinsamer dänischer Flagge, dem „Danebrog", war dem ersten königlich dänischen Norderdithmarscher Landvogt Behrens eine Weiternutzung des bisherigen zeitweiligen Amtssitzes seiner Vorgänger - zuletzt der seinem Gottorfer Gewissen nach Eutin gefolgte und in Norderdithmarschen ohnehin wenig geliebte Carl Friedrich von Lowtzow (1741-1789) – anscheinend nicht mehr genehm, vielleicht sogar aus Kopenhagen zu kritisch hinterfragt.

Auf jeden Fall setzt Behrens Inbesitznahme eines neuen Gebäudes als Landvogtei 1778 ein deutliches Zeichen für die dänisch übernommenen Norderdithmarscher am Heider Markt. Das Wohlwollen des Königs allerdings scheint gewiss.

Der ab 1773 mit der nun falschen Dynastie und „Gottorfer" Historie belastete Sitz der Behrens vorgehenden Gottorfer Landvögte ist das nur wenige Schritte weiter östlich gelegene „fürstliche" Haus, das 1960 abgerissene spätere „alte" Heider Rathaus.

Fürstliches Haus zu Nordost am Markt, später das alte Rathaus,
vor 1778 immer mal wieder auch Sitz der „Gottorfer" Norderdithmarscher Landvögte,
1736-1739 im direkten Besitz des Fürsten

Erbaut war dieses von Behrens nun verschmähte Gebäude, dem auch seit langem der etwas zweideutige Beiname eines „grauen Hauses" anhaftet, vielleicht in seiner Grundform schon im 16. Jahrhundert. In seiner bekannten Struktur ist es aber wohl zu Ende des 17. Jahrhunderts entstanden.

Bauherr war hier der 1646-1668 wirkende und ursprünglich aus Norddeich bei Wesselburen stammende Norderdithmarscher Landvogt Johann Boje (1612-1668), der durch seinen Tod Haus und Funktion für über 30 Jahre an seinen ihm bereits über längere Zeit assistierenden und ebenfalls in Norddeich geborenen und dann in Heide zugezogenen Schwiegersohn Georg Vieth (1630-1701) weiterreichte, wiederum Sohn des Amtsvorgängers Johann Vieth (1581-1646).

Aus dem Besitz der Erben der Witwe Friederike Amalia des Georg Vieth war das Haus dann für kurze Zeit (1736-1739) sogar in den unmittelbaren Besitz des Gottorfer Landesvaters Herzog Karl Friedrich gelangt, der in den Jahren zuvor hier mehrmals als – kostspieliger - Gast der Landschaft logierte und schließlich allzu großen Gefallen an dem Gemäuer fand.

Anlässlich seiner Trauung mit der Tochter Anna von Zar Peter dem Großen im Jahre 1725 war auch durch die Landschaft in Heide für ihren Gottorfer Landesherrn ein Festbankett auszurichten. Man feiert dort, wo zu dieser Zeit üblicher Weise die Landesversammlungen abgehalten werden, im Hause des Gastwirts Jochim Hinrich Rachel (ca. 1690-1754).[28]

Und das ist auch in unserem Zusammenhang überaus bemerkenswert, denn der als Pastorensohn in Neuenkirchen geborene Wirt Rachel wird kurz vor seinem Tod im Mai 1753 zum Schwiegervater von Peter Ernst Gerritz.

Es ist also entweder der Wirt Rachel, dessen väterlicher Großvater Joachim Rachel (1616-1669) einst in seiner knapp 10-jährigen Zeit als Schulrektor in Heide zu Süden am Markt seine ersten „Satyren" verfasste, zuvor der Pächter des „Landschaftlichen Hauses", in dem traditionell zumindest in späterer Zeit diese Sitzungen abgehalten werden, oder er ist (wahrscheinlicher) Vorbesitzer des hiervon wenige Schritte westlich liegenden späteren Theaters Wilde, das Schwiegersohn Gerritz dann bei Heirat 1753 vom Schwiegervater übernommen hat.

Wenn dem so wäre, wäre „der" angesagte Veranstaltungssaal Heides der 1840er Jahre bereits über 100 Jahre zuvor eine der herausragenden Lokalitäten des Fleckens, würdig sogar eines herzoglichen Festbanketts. Auch das würde, im Zusammenwirken mit Post- und Getreideverkehr, die auffällige „Trampelpfad"-Zeichnung der Karte von 1756 sehr plausibel machen.

Und sogar noch weiter reichende Indizien für eine besondere Bedeutung des Lokals sind jenseits der dargelegten prominenten Familienbezüge der Wirte Rachel und Gerritz zu finden. In die älteste „bauernrepublikanische" Dithmarscher Vergangenheit weist das noch heute über dem Eingang prangende Wappen „eines aufrechten

Schwerts mit krönendem Helm und seitlichen Rosen". Hier werden bedeutungs-
schwangere (aber unklare) Bezüge des gastlichen Hauses und seiner ursprünglichen
Besitzer/Erbauer zum alten „Helmergeschlecht" sichtbar, das in Weddingstedt und
Lunden ansässig war. Aufrechtes Schwert und Rosen finden sich im alten Lunden
auch beim 1646 verstorbenen Kirchspielvogt Claus Helmke, Nachbesitzer „des" Pesels
in Lehe eines Marcus Svin, aus dessen Familie seine Frau stammt.[29]

Alte Landvogtei zu Norden des Heider Marktes, erbaut 1774
Sitz der königlich dänischen Norderdithmarscher Landvögte 1778-1838 – abgerissen 1893
Aufnahme um 1860

Doch nochmals kurz zurück zur Entstehungszeit der benachbarten Landvogtei. Wenige Jahre nach Kartenzeichnung (1756) und bald nach Ende der Herzogsherrschaft über Norderdithmarschen (1773) ist der aus der südlichen Landschaft zugereiste und nun königlich dänische Landvogt Behrens (ab 1778) über ihre Hennstedter Hudemann-Ehefrauen – Töchter des dort dichtenden Juristen Ludwig Friedrich Hudemann (1703-1770) - ein Schwager des Bauherrn Arens, dessen erste Frau Margaretha Elisabeth Hudemann bereits 1769 verstorben war.

Kornschreiber Arens muss wegen seiner neuen Frau aus der Kieler Familie Bruhn bzw. deren frisch ererbten und testamentarisch mit dem Fluch des in Kiel zu verprassen belegten Vermögens den Heider Markt vergleichsweise überstürzt und mit ziemlicher Sicherheit ungeplant verlassen. Die Konsequenzen der Erbschaft müssen durchaus überraschend bekannt geworden sein, da Arens ansonsten wohl das aufwändige Bauprojekt in Heide gar nicht erst in Angriff genommen hätte.

Der Arens-Bau zu Norden des Marktes ist das Heider Prestigeprojekt seiner Zeit. Einzigartig vor Ort beispielsweise das in französischem Stil gestaltete Mansardendach. In Ergänzung zum als Dämmmaterial angesagten heimischen Backtorf, mit dem die Innenwände im Obergeschoss errichtet werden, kommen teils auch sehr exotische und luxuriöse Materialien zum Einsatz.
Mehr als hundert Jahre später (1893/94) entdeckt der mit Abriss und Neubau beauftragte Heider Architekt, dass das beim Bau dieser „Landvogtei" im Jahre 1774 verwendete Ständerwerk einschließlich aller gesägten Latten ausschließlich aus extrem widerstandsfähigem nordamerikanischen „Pitchpine"-Holz bestand.[30]
Ein architektonisches, mit rückwärtig großzügigem Lustgarten geschmücktes Prunkstück, das zu einem guten Teil auch mit den Brennerlösen der Familie Arens finanziert ist.

Allerdings ist der Arens-Clan in Heide sowohl bezüglich politischer Verwaltungsämter als auch kaufmännisch breit diversifiziert. Bei einer Erhebung im November 1775 im Auftrag des Kommerzkollegiums in Kopenhagen wird Vater Kammerrath Paul Gerhard Arens in Heide, der ansonsten als dem Sohn vorgehender Kornverwalter in wesentliche Erscheinung tritt, auch als maßgebender Ellenwarenhändler im Flecken genannt, der seine Textilwaren von *Hamburg, der Braunschweiger Meße und dem Kieler Umschlag (zu) beziehen (pflege)."*[31]

Arens Schwager Behrens nimmt die hieraus resultierende respektable Opportunität 1778 bei Amtsantritt sicher klaglos an. Die Adresse wird für längere Zeit zu „der" Heider Landvogtei. Fortan nehmen hier auch die jeweils unmittelbar nachfolgenden und beide aus Meldorfer Familien stammenden, also zugereisten Landvögte Johannsen und Griebel ihren Dienstsitz zu Norden des Heider Marktes.

Im Glanz dieser Landvogtei kann sich so auch über längere Zeit das unmittelbar benachbarte erste Heider Veranstaltungshaus am Platz sonnen, vice versa. Die Mitte der Nordseite des Marktes ist im 18. und auch noch weiten Teilen des 19. Jahrhundert unbestreitbar das gesellschaftliche Zentrum am Ort.

Im vierten Haus zur Linken vom Theater Wilde, nach Westen hin, fungiert zudem langjährig Griebels nur vier Jahre jüngerer Schwager Christian August Johannsen (1786-1862) als Heider Postmeister, allerdings in einer demgegenüber deutlich zurückgenommeren, fast unscheinbaren Unterkunft. Über einen mit seiner beruflichen Materie wenig vertrauten Postmeister Johannsen schreibt Groth:
„...ok en Junggesell, groot, staatsch, mit en witte Pikeewest, gung mit en halv Dutz Hunn um de Heid op den Jümfernstig spazeern."
Noch zwei Häuser weiter links (das spätere Landratsamt, heute Krankenkasse am Markt 60) wirkt auch schon dessen Amtsvorgänger Johann Nicolaus Fahrenholz ab 1775 in „postgottorf'scher Zeit" für das örtliche, nach 1773 königlich dänische und erstmals durchorganisierte Postwesen zu Norden des Heider Marktes.

Gasthof Wilde (ganz rechts), im vierten kleineren Haus Postmeister Johannsen, nochmals zwei Häuser weiter das spätere Landratsamt (vorm. Postmeisterei Fahrenholz) Blick auf Nordermarkt nach Westen um 1900

Fahrenholz, dessen Herberge deutlich repräsentativer als die seines Amtsnachfolgers ausgefallen scheint, ist ein Schwager des Brenners Johann Arens im Schuhmacherort. Beide sind mit Töchtern (Halbschwestern) des vormaligen Landesgevollmächtigten und Kirchspieldeputierten Johann Diedrich Koch (1704-1771) aus der angrenzenden Norderstraße verheiratet, der zu seiner Zeit zum engsten Kreis der den Heider Marktton Angebenden gehörte.

Dieser Landesgevollmächtigte Koch scheint zudem auch der Vater des jüngeren Landesgevollmächtigten Paul Diedrich Koch von der Südseite des Marktes zu sein, auf dessen Anwesen später Groths „Duewelskerl Nissen" wirkt. Die Kochs haben für das vorgehende 17. und 18. Jahrhundert eine ähnlich starke Bedeutung für die Prägung Heides, wie im späten 18. und nun folgenden 19. Jahrhundert die mit ihnen mehrfach verbandelten Arens. Einzelheiten dieser Verbindungen müssen jedoch einer anderen Geschichte vorbehalten bleiben.

Des weiteren ist der erste Heider Postmeister Fahrenholz, der durch öffentliche Anschläge an seinem Haus zu Norden des Marktes kundtut, welche Briefe zur Aushändigung bei ihm einlagern, sowohl Vater des späteren Husumer Postmeisters Jochim Diedrich Fahrenholz als auch Schwiegervater des Heider Kirchspielvogts Paul Diedrich Arens (1755-1838) zu Süden des Marktes an der Ecke zum Himmelreich (heute Teil der Bank bzw. der verbreiterten Gasse) – zwei Häuser links der älteren Koch'schen Lage.

Im Alter verzieht dieser Vogt Arens, der wiederum ein Sohn des Brenners Johann Arens und Neffe des Erbauers der Landvogtei Jacob Diedrich Arens ist, nach Amtsniederlegung (1825) wieder in die Norderstraße, wo auch die Kochs früh prägend tätig waren, möglicherweise in eben deren alte Gemäuer.

Zwei Dinge werden bereits überdeutlich: die enge Verbandelung der Heider Brauer und Brenner mit der örtlichen Verwaltung als auch die herausragende Lage der Nordseite des Marktes im 18. und 19. Jahrhundert, mit der Sonnenseite zum Markt.

Deren Bedeutung als zentrale 1a-Lage wird erst in der zweiten Hälfte des 20. Jahrhunderts mit dem Durchbruch der Bundesstraße von Rendsburg nach Büsum über diese Nordereggen-Marktseite abnehmen. Abgeschnitten und belastet durch einen gelenkten und wesentlich von der Kaufmannschaft gewollten automobilen Durchgangsverkehr, der den anderen drei Marktseiten mit weniger Nachteilen verbunden stärker zum Vorteil gereichen wird und letztlich auch nur möglich wird durch die Opferung des bis dahin ältesten repräsentativen Heider Gebäudes, des fürstlichen Hauses in der Nordost-Ecke des Marktes, das nun in Würde nachhaltig „ergraut" und wohl allzu sehr vom Zahn der Zeit angenagt ist.

Doch nun nach dieser einführenden Lagebewertung der Marktnordseite gemächlichen Schrittes allmählich zurück an den zentralen Ort des weiteren Geschehens und in das Frühjahr 1843, in dem der aus Hamburg zugereiste und von interessierter Seite bereits sehnlich erwartete Mäßigkeitsapostel Büttner aus dem fernen Amerika sicherlich mit einigem Tamtam seinen Auftritt auf Wildes neuer Bühne an altehrwürdiger Stätte zu Norden des Marktes ankündigen lässt.

Der ihn empfangende Lokalbesitzer Claus Wilde ist in Wilster geboren und Auftraggeber der offensichtlich dem nun herrschenden klassizistischen Zeitgeschmack entsprechenden Gaube mit Bogenfenster der modernisierten Fassade, die auf frühen Fotografien des Gebäudes zu sehen ist. In seinen frühen Heider Jahren vor Hauserwerb tritt er noch als junger Kaufmann und Tabakfabrikant in Erscheinung. Mit seiner Familie wird er dann 30-jährig, nur wenige Jahre nach Erwerb, bereits bei der Volkszählung vom Frühjahr 1835 genau mittig an der Nordseite des Marktes genannt.

Nur wenige Wochen nach dieser offiziellen Erhebung wird auch ein Friedrich Hebbel auf dem Weg nach Hamburg seinen Dithmarscher Abschied im kleinen Kreis der Freunde an einem Markttag im Frühjahr 1835 hier schon im „Wilde'schen Gasthofe" mit einem Mahl feiern, bevor er am Nachmittag den wöchentlichen Postwagen nach Brunsbüttel besteigt[32].

Zu Beginn der 1840er Jahre modernisiert Wilde dann sein Geschäft mit der aufgefrischten und angehübschten „Gastgeberei" in bester Lage zu einem würdigen, „modernen" Veranstaltungshaus am (Markt-)Platze. Inspiration für seinen Bühnenbau, über den leider keine genaueren Erkenntnisse vorliegen, dürfte er sich ebenfalls von außerhalb geholt oder mitgebracht haben.

Auch Hebbels frühes gesellschaftliches Drama „Maria Magdalena", entstanden im ersten Dithmarscher Mäßigkeitsjahr 1843, wird hier auf Heides neuer Bühne noch in den späten 1840er Jahren von der Schauspielgruppe des sein Vermögen mit seiner Theaterliebhaberei verplempernden mecklenburgischen Graf Hahn (1782-1857) aufgeführt. Der zu diesem Zeitpunkt gerade noch in Heide weilende Klaus Groth muss eigens ein vor Ort rares Exemplar für den dramatisch unterversorgten Souffleur beschaffen.[33]

Nach Claus Wildes Bühnenjahren wird hier an ehrwürdiger Kulturstätte jedoch der Nachfahre Rudolf Wilde schon bald wieder mit priorisierter Zigarrenfabrik und Tabakhandel und danach Otto Reimers mit einem Landmaschinenhandel wirken. Auch in unseren Tagen kann man an gleicher Stelle unter der Adresse Markt 67 nur noch u.a. einen weniger spektakulär präsentierten asiatischen Imbiss zu sich nehmen.

Alle Nachfolgegewerbe der Neuzeit nutzen aber auch nach wie vor den umfangreichen rückwärtigen und über Jahrhunderte für den Marktbetrieb so wichtigen Lagerplatz des Grundstückes, der, zumindest zwischenzeitlich, auch dem Vergnügen und zudem der Belehrung der Heider dient.

Der Veranstaltungssaal Wilde verliert in Heide vermutlich bald nach Errichtung des „Blunck'schen Etablissements" (das spätere Tivoli) bereits in den 1860er Jahren nach mindestens 20 mehr oder weniger exklusiven Bühnenjahren seine herausragende örtliche Bedeutung und wird notgedrungen entsprechend in seiner Nutzung wieder um- und rückgewidmet.

Doch nun, nachdem die Rahmenbedingungen ausreichend abgesteckt und ausgeleuchtet sind, zurück zum Urknall der Mäßigkeitsgeschichte in Dithmarschen. Die Bühne ist bereitet.

Neben seiner moralischen Enthaltsamkeitsbotschaft wird der im Frühjahr 1843 aus Hamburg in Dithmarschen anreisende „Mäßigkeitsapostel" Büttner in Wildes Theater allerdings nicht nur einen Aufruf zu schwerem Verzicht tätigen. Er zeigt auch attraktive Alternativen und neue Verheißungen für das desillusionierte bis deprimierte und sowohl wirtschaftlich als auch gesellschaftlich zunehmend frustrierte Dithmarscher Publikum auf.

Zu seinem Standardrepertoire gehören allgemein stark interessierende amerikanische Einwanderungs- und Reiseberichte. Büttner verknüpft, wie zuvor Baird, in seinen Vorträgen geschickt und erfolgreich die gemeinsamen Probleme und Potentiale von alter und neuer Welt.

Eine längst - im Süden Deutschlands anfangs stärker als im Norden - eingesetzte Auswanderungswelle, die zunehmend ökonomischer und damit auch familiärer Perspektivlosigkeit entspringt, wird sich nur wenige Jahre später - nach 1848 wesentlich auch politisch motiviert - nochmals auch in Dithmarschen deutlich verstärken.

Die dänische Obrigkeit verfolgt im Übrigen, anders als in Teilen später der preußische Staat, das seit einigen Jahren stetig wachsende Auswanderungsinteresse auf dem Land durchaus wohlwollend. So wird zumindest in Teilen sozialer Druck genommen, den das durch die jahrzehntelange wirtschaftliche Talfahrt genährte wachsende Armutsproblem bei gleichzeitig steigenden Bevölkerungszahlen auch in den Herzogtümern aufbaut.

In Widmung und Vorwort seiner 1844 in Hamburg veröffentlichten werblichen Reiseberichte schreibt Büttner:

„Meinen geliebten Landsleuten dies- und jenseits des atlantischen Oceans...: Die Union ... ist hinsichtlich ihrer politischen Verfassung, ihrer Bevölkerung, ihres Handels, ihres Ackerbaues, ihres Gewerbfleißes, ihrer geistigen Bildung, ihrer furchtbaren Widersprüche mit sich selbst, das interessanteste Reich, welches die Weltgeschichte aufzuweisen hat, und muß das Interesse der Völker, besonders des deutschen Volkes, von dem Hunderttausende sich ihr angeschlossen haben und Tausende sich anschließen, in hohem Grade erregen."

Mit den „furchtbaren inneren Widersprüchen" spielt Büttner auf die seit 1792 im dänischen Staatsgebiet - einschließlich Holstein - als erstem Staat der Welt längst geächtete Sklaverei an, die in den USA bereits zwanzig Jahre vor Ausbruch des Bürgerkriegs zu den hitzigsten innenpolitischen Themen gehört und nun auch in Dithmarschen im Kontext von Auswanderungsüberlegungen zunehmend die Gemüter bewegt.

Auswanderung wird neben dem Griff zur Flasche tatsächlich zu einem wesentlichen Frustventil für existenziell bedrohte Bürger und Landmänner, auch im von der Agrarkrise stark getroffenen Dithmarschen.

Büttner verbindet und bedient beide Thematiken perfekt. In seiner 1845 in Hamburg erscheinenden Folgeschrift *„Warnungen und Rathschläge der deutschen Gesellschaft in New York an Auswanderer"* wird der „Enthaltsame" abermals auch als „Promoter des Auswanderns" aktiv und gibt sogar aktuelle Preisübersichten für amerikanische Inlandspassagen, versorgt seine „Kunden" mit schlüssigen Gesamtkalkulationen bis zum endgültigen Ziel im gelobten Land.

Es reicht eben nicht, mit knappem Taler und Mark den Atlantik zu überwinden. Die letzten Groschen bzw. getauschten Cent sollten besser nicht in den vor Ort angesagten Whiskey oder Brandy investiert werden, so Büttners Botschaft, der Weg nach Westen ins gelobte Land ist auch jenseits des großen Ozeans noch weit. Die amerikanischen Dimensionen und Herausforderungen sind für viele Dithmarscher, trotz hinreichender Erfahrung mit endlos lockendem Horizont und weitem Himmel, kaum vorstellbar.

Noch im gleichen Jahr 1845 der Buchveröffentlichung verlässt der offensichtlich selbst ständig von allzu großem Heimweh geplagte und zwei Jahre zuvor Dithmarschen bereisende Apostel Büttner auch seine zwischenzeitliche neue Wahlheimat Hamburg wieder, um in seiner ursprünglichen Heimat Thüringen Landpfarrer im kleinen Volkmannsdorf zu werden[34].

1848 wird er als stellvertretender Abgeordneter dieses Wahlkreises auch noch in der kurzzeitig euphorisierten Deutschen Bundesversammlung aktiv und dadurch auch nochmals mit einer inzwischen aufgeblühten Dithmarscher Mäßigkeitsbewegung in besondere Berührung kommen, zu deren Entstehen er fünf Jahre zuvor durch seine inspirierenden Vorträge wesentlich beigetragen hat.

Von 1857 an bis zu seinem Tod übernimmt Büttner auch noch die Redaktion der im thüringischen Rudolstadt herausgegebenen *„Allgemeinen Auswanderungs-Zeitung"*.[35]

Dithmarschen wird erobert

Die ersten Dithmarscher Vereinsgründungen des Jahres 1843
und deren frühe Protagonisten:
ein Diakon in Lunden, ein Zeitungsmann in Heide,
ein Landmann in Wellinghusen und ein Lehrer in Hedwigenkoog.

Die erste Gründung eines Enthaltsamkeits- und Mäßigkeitsvereins in Dithmarschen
erfolgt - wohl als eine mittelbare Reaktion auf oder flankiert durch einen der drei
frühen Dithmarscher Büttner-Vorträge - am Sonntag des 23. April 1843 allerdings
nicht in der Brennermetropole Heide, sondern in **Lunden**.[36]
Der Ort wird in den kommenden Jahren nicht nur zu einem Zentrum der
Dithmarscher Bewegung, sondern Dank des umtriebigen logistischen und
publizistischen Wirkens des dortigen „spiritus rector", Pastor Volquarts, in der Folge
auch zu einem Treiber der Bewegung für das gesamte Herzogtum Holstein.
In der auch durch Büttners Vorträge erregten Diskussion über die Verwerflichkeit der
noch in weiten Teilen des Südens der USA praktizierten Sklaverei stellt Volquarts von
der Lundener Kanzel in der Folge den transatlantischen Verhältnissen bevorzugt die
Versklavung der heimischen Landeskinder durch den Alkohol gegenüber.

Obwohl der erste Dithmarscher Verein und deren langjähriger Wegbereiter, Vor-
kämpfer und nun Treiber Pastor Volquarts vorrangig in und aus Lunden wirken,
ergeben sich über seine Person zugleich auch unmittelbare Bezüge nach Heide.
Georg Friedrich Christian Volquarts (1804-1873)[37] erblickt am 10. Februar 1804 zwar
außerhalb Dithmarschens auf dem Posthof südöstlich von Fockbek im Amt
Rendsburg das Licht der Welt, seine Eltern sind aber beide am Heider Markt geboren.

Nach seiner Rendsburger Schulzeit studiert Volquarts ab Oktober 1823 in Kiel und
wirkt ab 10. Mai 1828 in Lunden als Diakon, wo sein Familienname bereits bei seinem
Eintreffen einen exzellenten Klang hat. Sein theologisch geprägter Lebensweg ist ihm
nachhaltig in die Wiege gelegt.
Denn Volquarts ist ein Enkel des seit 1772 in Heide wirkenden Diakons und ab
Sommer 1779 ersten Predigers Volquart Peter Volquarts (1746-1811), dessen auf Föhr
geborener Vater Georg Volquarts (1721-1784) wiederum als Urgroßvater des

Vereinsgründers von 1745 bis zum Tod als Diakon und späterer Pastor ebenfalls in Lunden, also an gleicher Stelle wie sein Urenkel, tätig war.

Seit 1773 war der Urgroßvater zudem als Norderdithmarscher Propst in herausragender und weit in die Landschaft getragener kirchlicher Funktion aktiv.

Erst des Urenkels im alten „Schott'schen" Heider Pastorat am Südermarkt als Pastorensohn geborener Vater Johann Friedrich Volquarts (1778-1819) war in Sachen Kirchenkarriere fremdgegangen und als Kaufmann und „Lotterie-Collecteur" nach Rendsburg verzogen. Er lebte ab 1801 bis zu seinem frühen Tod auf dem idyllischen, mit einer Lindenallee geschmückten Posthof bei Nübbel.

Georg Friedrich Christian Volquarts

Mütterlicherseits ist der Lundener Gründer und Vereinspionier Volquarts ein Großneffe des aus Tetenbüll bzw. Tönning im Eiderstedtischen stammenden und seit 1776 Professors in Kiel und Kopenhagen Johann Nicolaus Tetens (1736-1807), der sich im dänischen Gesamtstaat einen Namen als bedeutender aufklärerischer Philosoph, Mathematiker und Naturforscher macht.

Neben seinen u.a. Theodor Storm zu seinem „Schimmelreiter" inspirierenden Forschungen über den Deichbau an der Westküste veröffentlicht Tetens gegen Ende des 18. Jahrhunderts auch weithin bekannt werdende Reiseberichte über den Westen Holsteins einschließlich Dithmarschen, steht hierbei früh im brieflichen und freundschaftlichen Kontakt zu Volquarts Urgroßvater in Lunden und logiert wohl auf seinen „Forschungsreisen" zeitweise auch bei seiner Heider Verwandtschaft am Markt.

Volquarts Mutter, Maria Amalia geb. Tetens (1780-1850), ist das einzige Kind des über 20 Jahre ab 1777 in Heide wirkenden Auditeurs und ersten Norderdithmarscher Branddirektors Peter Tetens (1747-1798), Amtsvorgänger vom Vater Johann der späteren Heider Dichterin Sophie Dethleffs.

Johann Nicolaus Tetens

Der ausgebildete Advokat ist ein neun Jahre jüngerer Bruder des Professors Tetens. Letzterer wird als Großonkel bei der ältesten Schwester Elise Johanna Catharina des Vereinsgründers Volquarts im Jahre 1800 auch als Kindspate aus Kopenhagen eingesetzt. Beim Tod des kinderlosen Professors im Jahr 1807 ist Pastor Volquarts in Heide geborene Mutter Maria Amalia als Nichte eine von nur vier Begünstigten seines Testaments.
Im besten Kontakt steht die Mutter des Vereinsgründers Volquarts allerdings in Heide auch früh zu den Familien der örtlichen Branntweinbrenner, die ihr Sohn später aufs Korn nehmen wird. Kurz vor ihrer Heirat ist sie beispielsweise als Demoiselle Amalia Tetens 1797 Patin bei einer Tochter des bereits genannten Kornbrenners Lüdert Ludwig Schmidt. Im Mai des Folgejahres 1798 tritt sie gemeinsam mit ihrem Verlobten Volquarts auch bei einer Johanna Friederika Amalia Jebens an das Heider

Taufbecken, die später in zweiter Ehe zur Frau eines Heider Brennknechtes Johann Christopher Rohde in der Weddingstedter Straße wird. Den Zeitumständen geschuldete komplizierte und kompromittierte Verhältnisse wohin man sieht.

1856, als die erste Mäßigkeitsbewegung längst zum Erliegen gekommen ist, verlässt der langjährige Diakon Volquarts nach fast 30 Jahren Diakonats- und etwas kürzerer Vereinsarbeit die Wirkungsstätte Lunden, um in Wedel endlich Pastor werden zu können. Hier wird er allerdings vom Start weg zu einer äußerst umstrittenen Person.[38]

Nach dem deutsch-dänischen Krieg wird er schließlich 1864 suspendiert, muss gar um sein Leben bangen, weil er sich zuvor allzu offen von der Kanzel gegen den Zeitgeist und für einen Verbleib Holsteins im dänischen Staatsverbund ausgesprochen hat.

Seine Versuche, sich gerichtlich wieder einzuklagen, scheitern. Er schreibt sich selbst eine Opferrolle auf den Leib mit seinem letzten Buch „Der Bauernkrieg zu Wedel gegen das Pastorat daselbst 1732-1864", in dem er mit weitem historischen Bogen die jüngsten Geschehnisse zu verarbeiten versucht.

In seiner Familie wird Volquarts als „unruhiger und unausgeglichener Geist" wahrgenommen, dessen Leben „disharmonisch verklang".

„Ich habe den Eindruck, daß er ein idealer Mensch sei, der aber seine Kraft überschätzte und so scheiterte", schildert der fast gleichaltrige und ab 1848 Schwiegersohn Adolf Heinrich Dietrich Bestmann (1810-1873), der seit 1847 Pastor in Delve ist, den zuletzt stark verbitterten und mehrfach vom Schicksal schwer geprüften Vater seiner Frau.

Volquarts, der später auch „an seinen Kindern viel Herzeleid erlebte"[39], verlor bereits früh (1834) durch die Schwindsucht seine erste Frau (zugleich seine Cousine) Friederike Sophia Maria, Tochter des ebenfalls in Heide als Sohn von Pastor Volquart Peter Volquarts geborenen Trittauer Amtsverwalters Georg Hinrich Friedrich Volquarts (1774-1834).

Neben drei erwachsen werdenden Töchtern aus erster Ehe sind noch weitere fünf in Lunden geborene Kinder aus zweiter Ehe mit der aus Lütjenburg stammenden Arzttochter Amalie Friederike Böhm (1807-1872) bekannt.

Diakon Volquarts, der sowohl durch seine Trittauer Verwandtschaft als auch durch die Familie seines ebenfalls im Osten Holsteins wirkenden zweiten Schwiegervaters Böhm früh in Kontakt mit dem dort längst blühenden Gedankengut der Mäßigkeitsvereine zu kommen scheint, wird in seiner jungen Lundener Wirkenszeit zu der mit Abstand prägendsten Persönlichkeit der Vereinsbewegung der Jahre 1843-1849 in Dithmarschen.

Lunden entwickelt sich unter seiner Führung zu einem geistigen und logistischen Vereinsmittelpunkt für ganz Holstein.

Hier entstehen nicht nur richtungweisende Predigten und Kleinschriften, sondern auch der später mindestens zum Zentralorgan der Dithmarscher Vereine aufsteigende „Dithmarscher Volksfreund – Zeugnisse gegen die gebrannten Wasser oder den Alkohol".

Die Zeitschrift wird laut Stubbe von 1845-1849 in Friedrichstadt gedruckt und herausgegeben, wahrscheinlich bei „Bade & Fischer".

Der um 1755 geborene Christian Benedixtus Bade war vor 1800 aus Schleswig nach Friedrichstadt gekommen und betrieb in der Folge, gemeinsam mit dem rund 14 Jahre jüngeren Buchdrucker Christian Jacob Fischer (1769-1842), eine für die gesamte Region bedeutende Druckerei am Mittelburgwall (das spätere „Neber-Haus"), die 1845 bereits vom Sohn Friedrich Wilhelm Ludwig Bade (1795-1877) als „königlich privilegierte Buchdruckerei" fortgeführt wird.

Der Lundener Diakon Volquarts, der die lokale Vereinsarbeit ab 1843 auch räumlich eng mit seiner gerade erst vor wenigen Jahren (1834) „erneuerten" St. Laurentius-Kirche verknüpft, nutzt im Weiteren regelmäßig und routiniert die entstehenden Presseorgane in der Region als erweiterte Plattform für sein Anliegen.

Seine Beiträge werden u.a. veröffentlicht im „Itzehoer Wochenblatt" und der seit April 1832 vom Heider Buchhändler Carl Friedrich Julius Pauly (1798-1879) herausgegebenen und bis 1849 in Friedrichstadt bei Bade, dann in Heide bei Pauly

1834 renovierte St. Laurentius-Kirche in Lunden
Vereinslokalität des Lundener Mäßigkeitsvereins von 1843

selbst gedruckten „*Dithmarsischen Zeitung*" sowie im „*Dithmarscher und Eiderstedter Boten*", seit 1802 ebenfalls bei Bade & Fischer in Friedrichstadt.[40]

Friedrich Pauly ist Sohn eines Schleswiger Schauspielers am dort 1781-1807 existierenden Hoftheater und als Ältester im Geleit zweier jüngerer Brüder um 1828/29 als Buchhändler nach Heide gekommen.

Sein ebenfalls langjährig in Heide als Kantor und erster Knabenlehrer wirkender Bruder ist Christian Friedrich Johann Pauly (1806-1880). Der Dritte im Bunde ist der um 1803 in Schleswig geborene Johann Joachim Cornelius August Pauly, der in Heide für einige Jahre als Branddirektor – Nachfolger von Tetens und Dethleffs - tätig ist.

Der für die weitere Entwicklung der Dithmarscher Mäßigkeitsvereine überaus wichtige Buchhändler sowie erste örtliche Zeitungs- und damit Meinungsmacher Pauly schreibt und veröffentlicht in Heide zunächst ab 1832 zu Süden des Marktes, später (ab ca. 1840-1854) in der Österstraße (fünftes Haus vom Markt auf der Nordseite) und erst dann - und damit lange nach der aktiven Mäßigkeitszeit - zu Norden des Marktes (ab 1854 zwei Häuser rechts der alten Landvogtei)[41].

Pauly scheint ab 1843 mindestens den inhaltlichen Zielen, möglicherweise aber auch den Mäßigkeitsvereinen selbst durchaus nahe zu stehen. Der breite Raum, den er der Thematik in seinem regelmäßig sonnabends erscheinenden neuen Wochenblatt über die nächste Zeit einräumt, spricht dafür.

Der jüngere Bruder Pauly, 1829-1865 in Heide Kantor und Knabenlehrer[42], dessen Haltung zur brandaktuellen und kontroversen Mäßigkeitsfrage dagegen im Verborgenen bleibt, obwohl er mit den Folgen der Branntweinpest über die Schularbeit ebenfalls in engen Kontakt kommen wird, ist zuvor u.a. auch ein Lehrer seines späteren Kollegen Klaus Groth, der insbesondere von dessen Geschichts-unterricht sehr angetan ist.

Möglicherweise weiß Pauly das schauspielerische Talent seiner Eltern effektvoll in seinem Unterricht zu nutzen. Auch seine Mutter Adamine stand bis zur skandal-trächtigen Schließung des Schleswiger Theaters 1807 auf der auch für Opern-aufführungen genutzten Bühne, zunächst bevorzugt als „junges Weib", später dem Gesetz der Natur folgend als „gesetzte Liebhaberin".

Vater Carl Matthias verdient sich nach Schließung des Theaters als vom Monarchen geehrter Dannebrogsmann und auf der Bühne langjährig geübter Gebärder seine Brötchen ab 1817 in Schleswig als Lehrer am königlichen Taubstummen-Institut.[43]

Hieraus resultiert wahrscheinlich der Entschluss des einen Sohnes, als Autodidakt ebenfalls Lehrer zu werden. Er ist mit solchem Elternhaus ebenso vielseitig, umtriebig und führt einen für Heide eher flotten Lebenswandel.

„*Kein Fest, kein Musikball war in Heide denkbar ohne den Kantor Pauly, der sich dabei als großer Gelegenheitsdichter entfaltete*".[44]

Auf den Namen seiner Frau, die im Übrigen eine Heider Goldschmied-Tochter Münster und Enkelin der bereits erwähnten renommierten Witwe Koch ist, die am Markt an Düwelskerl Nissen verkauft (s.o.), betreibt er in seinen Wohnräumen im Schulgebäude in späteren Jahren zur Aufbesserung seines überschaubaren und wohl nicht ausreichenden Lehrergehaltes einen Modehandel für die Weiblichkeit am Ort.

Durch die Verbindungen seiner Frau früh bestens vernetzt mit den ersten Heider Kreisen, ist der Galanteriehandel der Paulys am Markt insbesondere sonnabends bestens nachgefragt.

Klaus Groth setzt seinem ihm durchaus nahe stehenden älteren Kollegen Pauly und dessen von Theaterleidenschaft durchtränkter Lebenslust und -kunst später mit der Figur des „Onkel Magot" im „Jungsparadies" ein literarisches Denkmal.

Als wesentliche in Lunden entstehende „spirituös-spirituelle" Dithmarscher Mäßigkeitsschriften Pastor Volquarts, die in Kooperation mit dem herausgebenden, vertreibenden und demgegenüber etwas gemäßigteren Bruder Pauly vor, während und nach der aktiven Vereinsphase erscheinen, sind laut Stubbe zu nennen:

- Die gebrannten Wasser; erschienen bei F. Pauly, Heide 1841
  (Predigt vom Pfingstmontag 1841 in Lunden)
- Alkohol, der Landesfeind; bei F. Pauly, Heide 1843
  (Vereinsgründungs-Sitzung vom 23.4.1843 in der Lundener Kirche)
- Der zehnjährige Kampf in den Herzogtümern Schleswig und Holstein
  gegen den Landesfeind, den Branntwein; Friedrichstadt 1847
- Der Genuss der mit Alkohol gemengten Gottesgaben
  ist Götzendienst und Sünde; Lunden 1853
  (Predigt Cantate 1853 in Lunden, 10. Jahrestag der Gründung des Vereins)

Die moderne Wissenschaft benennt drei wesentliche Motive für die in der Branntweinpest der 1830er und 1840er Jahre gipfelnden Trinkgewohnheiten der unteren sozialen Schichten, die sich auch bereits in Volquarts mit Hilfe Paulys publizierten Schriften allesamt als identifizierte Ursachen des zunehmend ausufernden Problems finden lassen[45]:

- *geselliges* (kulturelles) Trinken als Fortsetzung überlieferter alter Zunft- und bäuerlicher Festtagstraditionen
- instrumentalisiertes Trinken als fortbestehender Glaube an Nahrungswert und gesundheitsfördernde Wirkung des Branntweins
- zunehmend *betäubendes* Trinken zur Verdrängung der immer drückender werdenden sozialen Situation

Bei Pastor Volquarts liest sich das 1847 als die gesamte Dithmarscher Gesellschaft durchdringende und keinesfalls nur auf die unteren Schichten beschränkte Situationsanalyse in der ersten Hälfte des 19. Jahrhunderts noch etwas anders, aber nicht weniger prägnant:[46]

„Der Branntwein hatte sich in alle Verhältnisse eingeschlichen und festgesetzt; er hatte ein bürgerliches Recht bekommen neben allen andern Genüssen und Reizmitteln. Mit ihm ward das Kind begrüßt; es war die erste Stärkung, welche Mutter und Kind erhielten; es war das letzte Labungsmittel, welches dem Greise gereicht ward; mit ihm schied er von der Welt; waren alle Mittel vergebens, so ward zu ihm die Zuflucht genommen, und er beförderte dann den Sterbenden oft noch schneller, als die Natur es getan haben würde. Bei allen Feierlichkeiten erschien er; keine Kindtaufe und keine Hochzeit wurde ohne ihn gefeiert, kein Handel ohne ihn abgeschlossen, keine Hütte ohne ihn gebaut. Wer einen Liebesdienst haben oder vergelten wollte, spendete nicht ohne Maß diesen Liebestrank des Volkes. Wie die Väter und Mütter ihn tranken, so erhielten die Kinder ihren Teil auch ab. War der Säugling unruhig, so stillte die Mutter das Wimmern des Kindes mit Branntwein, Likören und glühenden Weinen. Sehnsüchtig sahen die Knaben dem Vater ins Glas, ob nicht ein Tropfen für sie übrig sei, und die Kranken gossen ihn in Kaffee und Tee, von ihm das Heil in allen Leiden erwartend. In ihm bewahrte man die Früchte des Feldes und des Baumes und erregte so durch die verführende Kunst das stärkere Verlangen nach ihm. Er war der Kaffee und Tee des Handwerkers und Arbeitsmannes; während die Frauen sich ruhig noch dem süßen Schlafe überließen, tranken die Männer schon den Feuertrank, um Kraft und Stärke aus dem flüssigen und geistigen Brote zu schöpfen. Die Trunkenheit und Trunksucht war zu einer täglichen Erscheinung geworden. Betrunken gewesen galt für eine Ehre, und des Holsten Ehre bestand darin, ein Saufbold zu sein und andere unter den Tisch zu trinken."

Insbesondere der auf dem Land nur schwer zu bekämpfende Glaube, dass der im Mittelalter noch als „aqua vitae", Wasser des Lebens, gepriesene hochprozentige Branntwein ein universelles Kraft- und Heilmittel sei, wirkt noch vielfältig nach.
Eine der ältesten deutschen Schriften über den Branntwein, erschienen 1483 in Augsburg als „Verzeichnis der ausgebrannten Wasser" vom „Doctor der Arzneigelahrsamkeit" Michael Schrick, empfiehlt ihn nicht nur als ein Präservativ wider die meisten Krankheiten, sondern auch als ein Mittel, schön und jung zu bleiben.[47]
Noch Zedlers Universallexikon von 1733 sagt über ihn:
„Er ist das vortrefflichste Mittel in denen meisten Kranckheiten, und wahrhafftig eine Hand Gottes, wenn man ihn recht gebrauchet ..."

Längst haben sich diese älteren Weltanschauungen im Aquavit und „Rein Gotts Word" verselbständigt. Der auf die vermeintlich ihm innewohnende Vorbeugewirkung gegen Krankheit und Schwäche abzielende „Präservativ-Schnaps" ist tatsächlich im wahrsten Sinne in aller Munde.

Auf dem Land ist es vielfach üblich, den Tagelohn einschließlich 2-4 Gläser „Köm"
zur Stärkung auszukehren. Beim Militär gehören tägliche Schnapsrationen zur
selbstverständlichen Grundversorgung.

Volquarts ermittelt auf dem Höhepunkt der „Branntweinpest" für die beiden
Herzogtümer Schleswig und Holstein neben der karibischen Rumeinfuhr von über 1
Million Flaschen pro Jahr einen jährlichen Pro-Kopf-Konsum heimisch produzierten
Branntweins von durchschnittlich 27 Flaschen.[48]

Anders ausgedrückt: jeder Dithmarscher – Kinder eingeschlossen - konsumiert
statistisch auf dem Höhepunkt der Branntweinpest der 1840er Jahre im Durchschnitt
eine halbe Flasche Schnaps pro Woche.

Peter Willers Jessen

Da haben es beide Berufsstände, Geistliche wie Ärzte, zur Mitte des 19. Jahrhunderts
schwer mit der Gegenbeweisführung. Dabei ist zum Höhepunkt der Branntweinpest,
auch aufgrund des überreichen Angebots an billigem und minderwertigem Fusel, das
„Delirium tremens", der Säufer-Wahnsinn, längst zur alarmierenden Ursache von
deutlich steigenden Belegungszahlen der Irrenanstalten, signifikant erhöhten
Selbstmordraten und Verbrechen aller Art geworden.

Peter Willers Jessen (1793-1875), Leiter der Irrenanstalt Hornheim bei Kiel - und
Stiefsohn der jüngeren Schwester Margaretha Catharina (1745-1773) des vormaligen

Meldorfer Landvogts Heinrich Christian Boie (1744-1806) - schätzt, dass zwei Drittel seiner Insassen durch Branntwein krank geworden seien.

Böttcher gibt in seinen Schriften eine Statistik wieder, nach der von den 1840 in Holstein identifizierten 9.560 Säufern und Trunkenbolden 796 an Säuferwahnsinn litten (8%) und von diesen wiederum die Hälfte hieran stürbe.[49]

Glückstädter Juristen legen zur gleichen Zeit Statistiken vor, dass, nach Auswertung von Gerichtsurteilen, die Zunahme der Züchtlinge im hiesigen Gefängnis von 284 im Jahre 1805 auf über 666 im Jahre 1834 zu wohl einem Drittel unmittelbar auf alkoholbasierte Taten zurückzuführen sei.

Weitere signifikante Anteile entfallen auf „Beschaffungskriminalität". Der Glückstädter Seelsorger der Strafanstalt, Pastor Friedrich August Gleiß, (1811-1884) ergänzt:[50]

„Vielfach habe ich die Erfahrung gemacht, daß Saufen und Spielen ein Grund eines am Ende in Verbrechen ausartenden liederlichen Lebens abgeben, und ich trage kein Bedenken, zu behaupten, daß ohne Zweifel ein Drittel der Verbrecher im Zuchthaus nicht wären, wenn der Saufteufel sie nicht verführt hätte."

Umfassende Statistik und erdrückende Situationsbeschreibung gehören fortan zum unverzichtbaren Rüstzeug im Kampf gegen den Alkohol. Stimmung ist in diesen Tagen auch in Dithmarschen noch zu machen mit einem vermeintlich prototypischen Vorfall von „Branntwein-Barbarismus" im winterlichen Mönckbrock bei Bargteheide in Stormarn vom 26. Februar 1838, den auch Böttcher in seinen Schrift-Kanon aufnimmt und einer größeren überregionalen Öffentlichkeit bekannt macht.[51]

Vier Tagelöhner hatten sich nach der Feldarbeit teils besinnungslos gesoffen. Drei schliefen noch auf vereistem und verschneitem Feld ein. Der vierte „Benebelte" versuchte über Stunden mindestens einen der Schläfer mit Stockschlägen zu wecken, dieses aber mit vom Alkohol befördertem Kontrollverlust so enthemmt, dass der Geschlagene bereits erhebliche Verletzungen davon trug, bevor der Stock endlich gnädig zersplitterte.

Im Laufe der Zeit erwachten auch die anderen Volltrunkenen und zu Dritt schleifte man den Schwerverletzten torkelnder Weise mittels eines um seinen Oberkörper geschlungenen Strickes, eine makabre Blutspur über die zuvor bearbeitete Waldkoppel hinterlassend, über „Stock und Stein" über 500 Meter zu einer Kate.

Der im Rausch grob misshandelte Tagelöhner starb wenig später als Folge der gründlich misslungenen Weck- und Rettungsmaßnahmen an seinen schwersten inneren und äußeren Verletzungen. Seine Saufkumpane wurden wegen fahrlässiger Tötung verurteilt.

Nur drei Wochen nach der ersten Vereinsgründung in Lunden wird auch im nahegelegenen **Wöhrden** auf Anregung zweier Landmänner unter der Leitung von

Hauptpastor Nicolaus Diedrich Schwarz (1794-1866) am Sonntag des 14. Mai 1843 ein weiterer früher Dithmarscher Enthaltsamkeitsverein aus der Taufe gehoben. Auch hier war Büttner, wie zuvor in Heide und Lunden, aufgetreten.

Die Wöhrdener Vereinsgründung ist insbesondere auf das Drängen des Wellinghusener Großbauern Barthold Schoof (1800-1878) und dessen auf seinem Hof lebenden, gleichaltrigen und unverheirateten Schwager Georg Anton Gottfried Julius Alberts zurückzuführen.[52]

Barthold Schoof

Der aus Ohlen bei Brunsbüttel stammende Barthold Schoof lebt seit erster Ehe 1828 mit einer Rolfs aus Poppenhusen – diese, wie auch Schoofs zweite Frau, eine Nichte zweiten Grades des noch folgenden Nordhastedter Kirchspielvogts Johann Andreas Harders - im Kirchspiel Wöhrden.

Schoof selbst nennt in seinen Lebenserinnerungen noch einen Kohlsaat als weiteren Ideengeber[53] und meint mit diesem wohl den Wellinghusener Nachbarn Nicolaus Diedrich Kohlsaat (1802-1859), dessen Vater Claus einst ebenfalls aus dem Kirchspiel Brunsbüttel nach Wöhrden kam.

Schwager Georg Alberts ist, wie Schoofs dritte Frau, in Schönberg in der Probstei Kloster Preetz geboren und könnte von dort, aus dem Osten des Herzogtums, das seit 1837 früh erblühte und nun zu Beginn der 1840er Jahre voll entfaltete Gedankengut und entsprechenden Handlungswillen an die Westküste mitgebracht haben. Der Vater Johannes Alberts ist in Preetz als Advokat genannt[54] und entspringt dem idealisierten Bildungsbürgertum der späten Aufklärung.

Seit Oktober 1841 ist der zu diesem Zeitpunkt 41-jährige Schoof in dritter Ehe mit Anna Wilhelmine Alberts (1805-1890) verheiratet und wohl auch schon seit dieser Zeit lebt ihr lediger Bruder Georg bei ihnen in Wellinghusen, wie die Volkszählungen belegen.

Vermutlich sind es die auch in den beiden Wöhrdener Kirchspielen unübersehbaren und teils unhaltbaren Zustände der durch den anhaltenden wirtschaftlichen Niedergang und steten Alkoholkonsum in bittere Armut getriebenen vielen Tagelöhnerfamilien, die diese Großbauern zum Handeln treiben.

Die Wöhrdener Vereinsgründung zielt dabei unmittelbar auf die geschäftlichen Aktivitäten des örtlichen Branntweinbrenners und Gastwirts Reimer Rolfs (1798-1874), der bereits in zweiter Generation in Wöhrden hochprozentigen und nun für immer mehr Landleute zum Problem oder gar Verhängnis werdenden Schnaps an der Stelle produziert, die in späteren Zeiten als die „Alte Post" bekannt wird. Drei Jahre nach Rolfs Tod wird im ehemaligen Haus des Brenners im Jahre 1877 die erste Post- und Telegraphendienststelle in Betrieb genommen.[55]

Reimer Rolfs bei örtlicher Vereinsgründung 1843 gerade einmal 16-jähriger und durch den gesellschaftlichen Konflikt der Jahre stark geprägter Sohn Detlef Friedrich (1827-1895) hat erkennbar früh nichts mit den geschäftlichen Aktivitäten des Vaters im Sinn, im Gegenteil. Er studiert, angeregt wohl durch seine Großmutter, Theologie, startet seine Karriere als junger Diakon im heimischen Wöhrden und wird 1863 Pastor in Wacken, später noch in Bramstedt.

Die zum Zeitpunkt der Vereinsgründung noch in seinem Elternhaus lebende verwitwete Großmutter Cäcilie Wilhelmine, die Mutter des Schnaps brennenden Vaters, ist eine 1776 geborene Tochter des über 21 Jahre bis Mai 1783 in St. Michaelisdonn wirkenden Pastors Hinrich Dreessen (1734-1783). Urgroßvater Dreessen war nach seiner langen Wirkenszeit auf dem Donn als zweiter Pastor nach Wöhrden gerufen worden, dort aber schon nach wenigen Monaten im neuen Amt verstorben.

Das Beziehungskuddelmuddel von wirtschaftlich bedeutsamer familiärer Brau- und Brenntradition und zunehmend entgegen gerichteter seelsorgerischer Profession in der Wöhrdener Familie Rolfs ist nicht die einzige heikle Konstellation im Dithmarschen dieser Tage. Gleiches haben wir bereits bei den Heider / Hemmingstedter Kruses erlebt.

Weiterhin pikant für die Verhältnisse im Kirchspiel Wöhrden ist in diesem Zusammenhang auch, dass der nun zum Feindbild des örtlichen Vereins avancierende Brenner Rolfs ein Cousin 2. Grades der ersten beiden verstorbenen Rolfs-Ehefrauen des lokalen Inspirators Schoof ist.

Der gesellschaftliche und durch die Vereine zunehmend thematisierte und damit zugespitzte Konflikt durchdringt und fordert in den kommenden 1840er Jahren nicht nur diese Familie.

Mindestens familiär weniger konfliktreich kann da im Kirchspiel Wöhrden der zweite große Brauer und Brenner Reimer Johann Friedrich von Horsten (1788-1859) wirtschaften.

Der aus Neuenwisch stammende von Horsten, dessen Ururgroßvater Johann von Horsten (1652-1711) einst durch Erbe auch zeitweise in den Besitz der Meldorfer Klosterbrauerei aus dem Vorbesitz seines Großvaters Anton Wasmer (1595-1645) gekommen war, hat um 1811 die ehemalige lokale Brauerei und Destille vom Schwiegervater und zeitweiligen Wöhrdener Deichgrafen Johann Fett (auch Vett) übernommen, setzt sich nun aber gerade mit seinem alkoholischen Gewerbe zur Ruhe, um noch einige Jahre ausschließlich Landwirtschaft zu treiben.

Der zweite Sohn Reimer Johann Hinrich (1817-1890) trägt das Jahrhunderte alte berufliche Familienerbe der von Horstens zu Zeiten der Gründung der Mäßigkeitsvereine schließlich auch nach Wesselburen. Dort kann er vergleichsweise unbehelligt tätig werden.

Nachdem sich im Jahresverlauf u.a. auch in Altona, Elmshorn, Kiel, Rendsburg und Hademarschen (bereits vor den ersten Dithmarscher Vereinen am 9. Feb. 1843 unter Pastor Vent)[56] viele weitere Vereine in Holstein gründen, kommt in Dithmarschen bereits am Sonntag, den 29. Oktober 1843, in **Hedwigenkoog** ein dritter früher Mäßigkeitsverein hinzu. Den Vorsitz übernimmt der ca. 46-jährige, aus Drelsdorf bei Bredstedt stammende langjährige (seit 1823) Dorfschullehrer Christian Feddersen (1798-1869).

Hier werden sich auch zahlreiche Wesselburener engagieren, so dass dort in der Folge eine eigene Vereinsgründung unterbleibt.

Als Pastor Volquarts für die Ausgaben 3-6 des Dithmarsischen Volksfreundes 1845 in Planung nimmt, diese als ein *„Liederbuch für Vereine gegen das Alkohol-Gift"* zusammenzustellen, beteiligt sich auch Lehrer Feddersen mit mehreren Werken eigener zeitgenössischer Gelegenheitsdichtung.

Ähnlich wie Lehrer Pauly oder eine Sophie Dethleffs in Heide, die ein Klaus Groth später ob dieser literarischen Begeisterung und Anerkennung im örtlichen Gesellschaftskreis dann wenig freundlich als „Dilettantin" von eigenen, weiter reichenden Ansprüchen auf Distanz zu halten sucht, ist auch Feddersen in langjähriger Praxis ein gern gehörter reimender Conferencier bei vielen dörflichen Festen und Feiern.

Nun gilt es den Aufruf zu befriedigen: *„Wider Zopf und Philisterei rufet zu Hilfe die Poesei!"*[57] Aus Feddersens Feder fließt u.a. die folgende programmatische Kooger Kleinkunst:

> So kämpfen wir ohn' Unterlaß
> Durch Unterlassen meist.
> Wir hegen bloßen Branntweinhaß
> Und trinken keinen Schnaps, weil das
> Der Liebe Pflicht uns heißt.

Anlässlich des Jahrestages der Vereinsgründung wird auch Näheres über die Zusammensetzung dieses Hedwigenkooger Vereins bekannt:

„... und die Versammlung (Anm.: in der hierfür temporär alkoholfrei eingerichteten Koogwirtschaft) *bestand nicht allein aus Schustern und Schneidern und ehemaligen Säufern... sondern aus sehr achtbaren Männern, Geistlichen, Lehrern, Königlichen Beamten, Hofbesitzern... Die Versammlung ward mit einem trefflichen Gesange des lieben Schullehrers Herrn Feddersen unter Instrumentalmusikbegleitung eröffnet. Dann hielt der würdige Präses des Koogvereins einen gediegenen Vortrag, indem er die Vorzeit, Jetztzeit und die Zukunft mit einander verglich und mit der Hoffnung schloß, „einst werde es keines Vereins mehr bedürfen, indem dann der Höllentrank nicht mehr vorhanden sei!"*[58]

Im weiteren Verlauf der Feier geht man dann, nach weiteren Vorträgen und Gesängen *„unseres lieben Feddersen"* zum geselligen fröhlichen, und gänzlich alkoholfreien Tanz über. Der von Volquarts lancierte Artikel der Dithmarsischen Zeitung betont insbesondere die friedfertige Ausgelassenheit der hierzu auch um Nichtmitglieder angewachsenen feiernden Festgemeinde.

Auffällig sind die drei ersten Dithmarscher Vereinsgründungen des Jahres 1843 an Sonntagen.
Dabei macht das Versammlungsrecht dieser Jahre solche Treffen nicht ganz einfach. Im gesamten dänischen Staatsgebiet gilt an Sonn- und anderen Feiertagen bis nachmittags um vier Uhr als Relikt der alten Sabbatordnung ein Versammlungsverbot. Die „Sonntagsruhe" muss eingehalten werden. Das macht die Organisation solcher Zusammenkünfte und Vereinsgründungen im Allgemeinen kompliziert und erfordert gelegentlich in Dithmarschen die stillschweigende Kooperation der für die Ausübung der unteren Polizeigewalt zuständigen Kirchspielvögte.

Dem Lundener Pastor Volquarts wird es erst im September 1846 gelingen, nachdem er im Juli des Jahres in Elmshorn auch zum Direktor des neu gegründeten „Schleswig-Holsteinischen Zentralvereins gegen das Branntweintrinken" gewählt wurde, das bislang von der Obrigkeit nur geduldete Verhalten durch eine königliche Sondererlaubnis zu legalisieren:[59]

„ … den jetzt bestehenden, wie auch künftig sich bildenden Vereinen gegen den Branntwein zu gestatten, ihre Versammlungen in dem Winterhalbjahre am Sonntag Nachmittag vor Beendigung der Feiertagszeit halten zu dürfen".

Vor allem mit Blick auf die ihm besonders vertrauten Dithmarscher Verhältnisse begründet er seinen Antrag:

„Notwendig sei es, … diese Versammlungen an Sonntagen zu halten, weil auf dem Lande an Wochentagen die Leute nicht zu Versammlungen kommen könnten … und … sie bei Tage zu halten, teils, um Leuten, die einen weiten Weg haben, die Möglichkeit zu gewähren, vor Dunkelheit nach Hause zu kommen, teils, um etwaigen Unordnungen bei Abendveranstaltungen vorzubeugen."

Alkohol, der Landesfeind

Die Spaltung der holsteinischen Pastorenschaft bezüglich ihres
eigenen Rollenverständnisses in der Mäßigkeitsbewegung.
Der Lundener Pionier der Vereinsbewegung und sein Heider
Antagonist im „Dithmarscher Pastorenstreit".
Ein naheliegender, erster symbolträchtiger Ausflug ins Herz
Dithmarschens, nach Nordhastedt.

Besonders populär und zu einer Hymne der frühen Mäßigkeitsbewegung in
Dithmarschen - und laut Böttcher weit darüber hinaus - wird das Gedicht „*Vorher
gethan, hernach bedacht*" des gebürtigen Fahrstedters und wegen seiner Herkunft hier
besonders geschätzten und gehörten Kirchenoberen Claus Harms (1778-1855), des
wortgewaltigen vormaligen Lundener Predigers und seit 1816 Vorstehers der Kieler
Nikolai-Gemeinde.[60]

Claus Harms

56

O Jüngling, theurer Jüngling, steh!
Steh still auf deinem Pfade!
Nach deiner Freude folget Weh
Und ewig langer Schade
Vorher gethan, hernach bedacht,
Hat Manchen in groß Leid gebracht!

Wohin, O Mann, o lieber Mann?
Du gehst auf bösen Wegen!
Verlaß, verlaß die Trinkerbahn,
Komm unserm Rath entgegen!
Vorher gethan, hernach bedacht,
Hat Manchen in groß Leid gebracht!

Die Zeit ist kurz, der Schmerz gewiß
In jenen ew´gen Jahren.
O bald, o bald, bedenke dies,
Du Mann mit grauen Haaren!
Vorher gethan, hernach bedacht,
Hat Manchen in groß Leid gebracht!

Des Lasters Bahn ist Anfangs zwar
Ein breiter Weg durch Auen,
Allein sein Fortgang wird Gefahr,
Sein Ende Nacht und Grauen.
Vorher gethan, hernach bedacht,
Hat Manchen in groß Leid gebracht!

Nach der Melodie „Durch Adams Fall ist ganz verderbt, menschlich Natur und Wesen", bekannt durch eine Bearbeitung des Chorals durch Johann Sebastian Bach im „Orgelbüchlein"[61], wird das Werk des Kieler Archidiakons Harms anscheinend auf fast jeder frühen Versammlung gemeinsam angestimmt.

Wem die getragenen Harms-Verse allerdings zu gestelzt daher kommen, für den hat der Pastor die Botschaft auch prosaischer und pragmatischer zur Hand. In seinem Lesebuch „Gnomon" schreibt Harms über den Sprit[62]:

„Denn es ist besser, ihn in die Lampen, als in Mägen zu gießen; von da macht er das Haus hell, von hier macht er das Haupt dunkel."

Allerdings bleibt Harms selbst den nun überall im Lande entstehenden Enthaltsamkeits- und Mäßigkeitsvereinen in der Folge konsequent fern.

Er befindet sich dabei in guter Gesellschaft eines größeren Teils der Holsteiner Pastorenschaft, die gegenüber der Vereinsidee mehrheitlich skeptisch und reserviert bleibt. Insgesamt werden sich nur gut 10% der holsteinischen und noch weniger Schleswiger Pastoren in Mäßigkeitsvereinen engagieren.[63]

Auch die Verweigerung einiger Dithmarscher (Haupt-)Pastoren bei den jeweiligen örtlichen Veranstaltungen, im Gegensatz zu Volquarts in Lunden oder Schwarz in Wöhrden, fällt ins Auge.

Teile der protestantischen Geistlichkeit in Holstein, die von ihren Kritikern als eine immer noch pietistisch verklärte, „überfromme oder vielmehr mystische" Partei stigmatisiert werden, verdammen tatsächlich auch öffentlich und strengkirchlich-orthodox das Wirken der Vereine als „äußere Veranstaltung und Eingriff in das unmittelbare Erlösungswerk der göttlichen Gnade".[64]

Oder einfacher ausgedrückt: Manch Pastor ist einfach nur genervt von der moralischen Arroganz einiger Mäßigkeitsapostel.

Gleiches dürfen wir wohl auch Pastor Petersen und Lehrer Kuhlmann in Nordhastedt unterstellen, die bei der noch zu durchleuchtenden Entstehung eines Nordhastedter Enthaltsamkeitsvereins ebenfalls „abstinent" bleiben. Bei den folgenden Dithmarscher Vereinsgründungen werden auffällig selten die Hauptpastoren aktiv und nur gelegentlich die untergebenen zweiten Pastoren.

Auch Volquarts Vorgesetzter in Lunden bleibt dem Vereinstreiben anscheinend fern und überlässt diese Bühne dem subalternen eifrigen Diakon. Der seit 1835 in Lunden wirkende Junggeselle und Hauptpastor Paul Nissen ist 1798 in Flensburg geboren und in Oldenswort als Sohn eines Holzhändlers aufgewachsen. Ab 1829 zunächst im benachbarten Katharinenheerd auf Eiderstedt als Diakon tätig, geht dieser Pastor Nissen nach knapp 20 Jahren in Lunden 1854 seinen pastoralen Karriereweg weiter nach Quickborn bei Hamburg. Ob Nissens Vereinsabstinenz allerdings auf inhaltliche Distanz oder gar Differenzen zu Volquarts Ideen und Methoden zurückzuführen ist, ist bislang nicht ermittelt.

Offenen und gewichtigen Dithmarscher Kollegen-Widerspruch erhält der Lundener Diakon und Treiber der Vereinsbewegung Volquarts dagegen früh durch einen Schulfreund Theodor Storms aus dessen Husumer Tagen und neben Pauly weiterer später Lehrer Klaus Groths für Latein und Philosophie. Es ist dieses der in Tönning als Sohn eines Mädchenschullehrers geborene, väterlicherseits mit Krumstedter Familienwurzeln versehene und zur betrachteten Zeit (1840-1845) in Heide wirkende Diakon Wilhelm Heinrich Koopmann (1814-1871).

Volquarts Amtsbruder Koopmann wird nach seiner fünfjährigen Heider Zeit ab 1845 Pastor in Lauenburg und 1855 der erste Landesbischof der Holsteinischen Landeskirche[65]. Zuvor wurde das Amt als Generalsuperintendent bezeichnet.

Koopmann kommt in einem Artikel in der Ausgabe 33 vom 19. August 1843 der Dithmarsischen Zeitung mit dem Titel „Darf der evangelisch-lutherische Prediger Mäßigkeitsvereine gründen oder leiten?" zu dem kontroversen und auch konfessionell reizbaren Schluss[66]:

„...Gut, wie soll dann der Prediger sich dazu stellen? Soll er durch Vereinsgründung gleichsam sagen: „Trinkt nur keinen Branntwein; dann ist alles gut?" Wird nicht der Pastor in seiner eigentlichen, geistlichen Wirksamkeit beeinträchtigt, wenn er die Hauptperson eines legalen Vereins ist? Bei dem Eifer evg.--luth. Prediger für die Mäßigkeitsvereine scheint ein Schatten des katholischen Verderbens in unsere Kirche hineinzuragen: die Werkheiligkeit droht kirchliche Autorisation zu erlangen."

Koopmann zeigt hier deutlich seine pietistisch geprägten, urlutherisch reformatorischen Wurzeln. Allein der Glaube führt zu Gott, nicht die Tat.

Eine erste Reaktion Volquarts auf seinen in der Folge äußerst hartnäckigen Widersacher wird bereits zwei Tage später in der ersten Erregung geschrieben, erscheint allerdings erst einige Sonnabend-Ausgaben später nach drei Wochen.[67]

Wilhelm Heinrich Koopmann

Volquarts argumentiert im Kern, theologische Kritik an den weltlichen Vereinen könne nur von innen heraus, also durch Vereinsengagement zielführend sein und nur so sei es legitim, auch die Rolle der Pastoren nachzuschärfen. „Mach mit oder halte den Mund" ist wohl die Kurzformel von Volquarts wortreicher theologisch-technokratischer Gegenthese.

In der Folge steigert sich das hiermit allerdings erst begonnene und in aller Öffentlichkeit über Paulys Zeitung ausgetragene Duell zwischen Volquarts und Koopmann zu einem lang andauernden, ohrenbetäubenden und immer skurrilere Züge annehmenden Crescendo.

Koopmanns erwiderter Replik[68] folgt umgehend wiederum Volquarts Duplik. Auch der Ton wird schärfer. Der Streit Volquarts *„mit meinem lieben Amtsbruder"* wird offensichtlich unmittelbar zu einer sehr persönlichen Fehde, für die es früher zu verortende Störungen zwischen den beiden geben muss, die allerdings im Verborgenen bleiben.

„Herr Pastor Koopmann in Heide hat auf meine Antwort in No. 36 d.Z. replicirt, in einem Tone, den ich um seinetwillen bedaure. … Er hat einen Ton, den lieblos zürnenden, den kalt und hoch absprechenden, angenommen, der aus seinen sonstigen Streitschriften zur Genüge bekannt ist."[69].

Es ist wohl ein prägender Zug in Volquarts Charakter, dass er über die Schrift oder von der Kanzel durchaus aggressiv und überzeugend auftreten kann, während er im direkten persönlichen Kontakt nur allzu oft eher als weich und zaudernd und deshalb ein ums andere Mal als wirkungslos empfunden wird.

Im kollektiven Lundener Gemeindegedächtnis hat sich der wenig schmeichelhafte Beiname „Zuckerpastor" für den offensichtlich mit zwei ganz verschiedenen Gesichtern ausgestatteten Diakon Volquarts erhalten. Hier der Aug in Aug Zaudernde, dort der mit der Feder überaus Angriffslustige.

Bereits im Vorjahr hat der von Volquarts über die Distanzwaffe Zeitung als arrogant verunglimpfte Koopmann, der den Branntwein natürlich ebenfalls *„als ein Würgengel für die Menschheit"* sieht,[70] seine dennoch bestehenden Bedenken bezüglich der Einbindung von Pastoren in weltlichen Vereinen auf einer Hohenwestedter Kirchenversammlung postuliert und in Kirchenkreisen weithin publik gemacht:

„Als Mitglied eines Vereins wird der Pastor Knecht des tötenden Buchstabens (Anm.: meint die Satzung)*, da er doch das Amt des lebendig machenden Geistes führen soll … und bringt sich bei manchem in Verdacht, als bedürfe er selbst eines solchen Mittels, um seine Begierden im Zaum zu halten."*

Der im Sommer 1843 als unmittelbare Reaktion auf die Entstehung der ersten Mäßigkeitsvereine in der Region entflammte „Dithmarscher Pastorenstreit" wird noch eine ganze Weile, mal auf theologisch-akademischem Niveau, dann wieder wühlend im menschlich Tiefgründenden fortgeführt und schließlich selbst im Kieler

Wochenblatt von Harms, Koopmanns großem Vorbild, zum Schutz der Außenwirkung der Kirche notgedrungen aufgegriffen, schlussendlich aber nicht geschlichtet.

Die Fronten bleiben klar und entschieden in diesem auf viele an der Enthaltsamkeitssache durchaus interessierte Bürger theologisch wie zwischenmenschlich surreal wirkenden Konflikt. Die ernste Problematik und das Elend der Betroffenen werden von einem persönlichen Eifer der Protagonisten überschattet, der zuweilen sogar zur bizarren Komik verkommt.

Eine Steilvorlage für all diejenigen, die in den „Mäßigen" bald nur noch übereifrige Radikale sehen, die das Bad - besser Fass - mit dem Kinde ausschütten, bzw. Krug und Flasche fortan am liebsten allen, auch den „temperierten" Genießern als sündhaft vorenthalten wollen. Der Durst nach Mäßigkeit ist wahrlich oftmals maßlos.

Die an Stelle nötiger individueller Hilfe für die Betroffenen propagierte pauschale Verteufelung von Schnaps geht dem nicht direkt berührten Teil der Bevölkerung vielfach einfach zu weit. Die Mäßigkeit wird so zügig zum spaltenden Reizwort.

Im breiteren Bewusstsein bleibt gegenüber der wenig griffigen Rollendebatte zwischen liberalen und konservativen Pastoren dann eben auch Koopmanns Versuch, einem kollegialen Generalverdacht eigener Trunksucht ebenfalls durch pauschale Totalverweigerung entgegenzutreten.

Dass ersterer nicht gänzlich unbegründet ist, mindestens aber dem gängigen Vorurteil entspringt, auch Pastoren seien gelegentlich mehr als nur Bonvivants und selbst vor keiner menschlichen Schwäche gefeit, mag die folgende biedermeiernde Anekdote verdeutlichen, die es im April 1846 als angeblich in Dithmarschen geschehen sogar bis in schwäbische Journale schafft.

Mit dem Alkohol in einer kleineren Nebenrolle beschäftigt sie sich allerdings mit den weit weniger extremen, fast heiteren Folgen eines pastoralen Trinkvergnügens[71]:

„In Meldorf lebte vor kurzer Zeit ein alter Pastor, wegen seiner Opfer, die er dem Bacchus häufig brachte, nicht eben als Muster wahrer Frömmigkeit und Tugendhaftigkeit zu bezeichnen, der abgesehen von seinen gliederpuppenartigen Armbewegungen, die sonderbare Gewohnheit hatte, sobald er seine Predigt begann, die Augen zu schließen und maschinenmäßig seinen Sermon abzulesen. Daß der Hirte des Herrn unter so bewandten Umständen nur eine kleine Herde um sich versammelt sah, läßt sich leicht denken, deshalb wurden ihm auch in seinen späteren Jahren die Wochenpredigten übertragen und es ereignete sich nicht selten, daß er nur einen Zuhörer hatte. Er stieg dann, sobald er sein kleines Auditorium bemerkte, mit der größten Ruhe von der Kanzel, näherte sich dem seiner Worte Harrenden und machte ihm im zärtlichen Plattdeutsch den Vorschlag, mit ihm nach seiner Wohnung zu gehen. Er könne ihm ja bei einem Glase Wein die Predigt verlesen, ein Anerbieten, das nicht selten angenommen wurde.

Ein Gewürzkrämer derselben Stadt, jovial und verschmitzt, begab sich eines Mittwochs Nachmittags in die Kirche und setzte sich erwartungsvoll der Kanzel gegenüber, um die erbaulichen Worte des Herrn Pastors zu vernehmen. Wie zu erwarten stand, war er der einzige Zuhörer und daher unterließ der Pfarrer auch nicht, ihm den obengedachten Vorschlag zu machen. Allein der Gewürzkrämer verzichtete mit edler Resignation auf das in Aussicht gestellte Glas Wein und, auf sein gutes Recht fußend, bestand er darauf, daß der Pfarrer vor ihm allein seine Predigt halte; derselbe stieg wieder auf die Kanzel und begann, nachdem er sich geräuspert, seine Predigt herzudeklamieren, wobei er seiner Gewohnheit gemäß die Augen schloß. Kaum bemerkte dies der Gewürzkrämer, als er sich leis entfernte. Der Pfarrer aber predigte ruhig weiter und war nicht wenig erstaunt, als er Amen sagend die Augen aufschlug und sich in den heiligen Hallen allein befand."

Der um Ehrenrettung seiner Kollegen bemühte spätere Landesbischof Koopmann, der - zuletzt wohnhaft in Kiel – im Mai 1871 auf einer Visitations-Dienstreise bei Lübeck als ein im wahrsten Sinne auch körperlich herausragender und streitbarer Vertreter der streng orthodoxen Kirchenpartei an einem Schlagfluss verstirbt[72], ist im Übrigen in Nordhastedt begraben.

Sein Grabstein kann als eines der ersten prominenten Zeugnisse des erst 1859 eingeweihten neuen Friedhofs noch heute, wenngleich etwas verwittert und wegen des auf den ersten Blick fehlenden Bezugs zur Gemeinde etwas rätselhaft, auf dem zentralen Rondell betrachtet werden. Hier wirkt an der örtlichen Katharinen-Kirche seit 1866 bis zum Tod sein aus Warder stammender Schwiegersohn Claus Johann Emil Wriedt (1833-1898).

Ein symbolträchtiger Umstand für die Dithmarscher Mäßigkeitsgeschichte, dass sowohl das bislang einzig erhaltene Vereinsbuch dieser Zeit als auch das Grab des prominentesten Widersachers der Idee am gleichen Ort in der Mitte Dithmarschens zu finden sind.

Pastor Wriedt, ein ebenfalls großgewachsener Mann mit glattrasiertem Vollmond-gesicht, ist ein in der Nordhastedter Gemeinde aufgrund seines freundlichen und zugewandten Wesens eigentlich sehr beliebter Seelsorger, aber auch seine Predigten haben es in sich.

Häufig sind sie gespickt mit unnachgiebiger Kollegenschelte und entsprechen ganz der kompromisslosen konservativ-orthodoxen Geisteshaltung seines Schwiegervaters Koopmann. Bekannt werden diverse „abgekanzelte" Ausfälle gegen liberale Theologen mit ihren „Lügen, ausgestunkenen Lügen".[73]

In Wriedts geschäftiger, früh-preußischer und bereits von allgemeinem Aufbruch geprägter Amtszeit erhält die Nordhastedter Kirche erstmals eine Orgel und wird ein neues Pastorat errichtet (beides 1868), das erst 2016 einem Neubau weicht.

Des Bischofs Koopmann noch in Heide während des aufflammenden Pastorenstreits geborene und ebenfalls mit stattlicher Körpergröße gesegnete Tochter Louise

Catharina Marie Caroline (1843-1878), verheiratete Wriedt, holt den Leichnam ihres verstorbenen Vaters zu sich nach Nordhastedt. Ihr eigener Grabstein als auch der des zwanzig Jahre nach ihr versterbenden Mannes überdauern im Gegensatz zu dem ihres Vaters die Zeit nicht - dem großen „Kirchen"-Vereinskritiker seiner Zeit, der sich u.a. 1848 deutlich auch gegen die Erhebung ausspricht und damit das Fundament späterer noch dänisch vergebener Bischofswürden legt.

Dorfpastor Wriedt ergreift allerdings bei der zum landeskirchlichen Großereignis herausgeputzten Beerdigung des Schwiegervaters Koopmann 1871 im kleinen Nordhastedt selbst nicht das Wort. Das konservative Kirchenlager ist dennoch ebenso wie das progressivere bestens und prominent vertreten.
Im Pastorat spricht der gleichaltrige Amtskollege und langjährige Wegbegleiter des Verstorbenen, Karl Leonhard Biernatzki (1815-1899). Biernatzki wird auch als Publizist bekannt, wirkt zwischenzeitlich in Friedrichstadt 1841-1850 als Rektor und ist dort 1843 ebenfalls Mitgründer eines Mäßigkeitsvereins der ersten Stunde. Der spätere Pastor in Altona ist zudem ein früher, unmittelbar benachbarter und in der Sache eng Vertrauter von Koopmanns Opponenten Volquarts in Lunden.
In der Kirche spricht der seit 1868 (bis 1886) amtierende Süderdithmarscher Propst Karl Eduard Mau (1814-1888) aus Burg und am Grab der Senior des für Nordhastedt zuständigen Süderdithmarscher Kirchenkollegiums, Pastor Friedrich Ludwig Güntzel (1804-1887) aus Süderhastedt (zuvor 1836-1845 in St. Michaelisdonn), der nur wenige Monate später sein Amt aus Altersgründen niederlegen wird.[74]

Soweit - zunächst - zum offensichtlich selbst engste Freundeskreise durchdringenden pastoralen Streit.

Der Drache erwacht

Ein bildgewaltiges Symbol der Vereinsarbeit, das in Dithmarschen
größten Anklang findet.
Das alkoholische Gewerbe in Lunden und dessen Verbindungen in
die Heider Szene sowie ein intensiver Blick auf den Südwesten
des Heider Marktes.

Branntweindrache

Ein auch in Dithmarschen früh einendes, weil sehr populäres und gemeinsame Identität stiftendes Sinnbild der von weiten Teilen Deutschlands und Europas Besitz ergreifenden Mäßigkeitsbewegung wird der „Branntweindrache".

Erdacht vom Altonaer Weinessigbrauer Johann Ludwig Schmidt (1791-1854)[75] wird der Drache erstmals 1842 in Altona als Lithografie veröffentlicht und anfangs zu mehreren tausend Exemplaren gratis verteilt.[76]

„Bauch und Kopf haben die Form eines Siedekessels, den Schwanz bildet eine Schlange, und das Ganze einen Destillier-Apparat."[77]

Schmidt selbst kommentiert seine durch eigene berufliche Braukunst inspirierte graphische Schöpfung so:[78]

In der Mitte des Bildes sieht man den Branntweinsdrachen (einen Brennkessel) mit zwei Köpfen, jeder ganz Rachen. Vielfach windet er sich und endet nach hinten in einen Kopf, der Branntwein ausspuckt; ein jämmerlicher Branntwein-Bacchus thront darauf. Von links werden Korn und Kartoffeln (die notwendigsten Lebensbedürfnisse) in überschwenglichen Massen herbeigeführt, dazu Brennmaterial aus dem Schoß der Erde, die zwei vorderen Rachen zu füllen. … Auf der rechten Seite zuerst freundliche Trinkbilder, dann dunkle Auftritte von roher Ausgelassenheit bis zu Mord und Hochgericht."

Als Bildunterschrift bietet Schmidt noch - ganz im Stile der Zeit - einen sinnstiftenden Vers:[79]

> Seht hier ein scheußlich Ungeheuer!
> Im Bauche Gift und Höllenfeuer,
> Verschlingt's die Gaben gold'ner Felder:
> Frucht, Brotkorn und den Stamm der Wälder
> Es macht durch seinen Höllentrank
> Des Menschen Leib und Seele krank;
> Sein Giftbauch schafft den Bettelstab
> Und oft ein Armensündergrab!

In des Drachenschöpfers eigener Beschreibung wird das eigentliche Dilemma der Branntweinpest überdeutlich, das auch ein Friedrich Engels nur wenig später (1845) in seiner früh-kommunistischen gesellschaftlichen Systemkritik auch in Kenntnis des überaus populären Drachenbildes mit scharfem Blick auf englische und preußische Verhältnisse der Zeit in herausragender Weise anprangert.[80]

Das stetig steigende und dadurch preiswerte Angebot an günstigem Frustbewältiger ist eben auch Treibstoff für eine lahmende Wirtschaft, sichert Arbeitsplätze und füllt nicht nur Magen und Gemüt der Leidenden, sondern auch die Taschen der Landbesitzer und Brenner, auch in Dithmarschen.

In Heide leben z.B. im Jahr 1835 bereits knapp 30 Familien von der selbständigen Brauerei und Schnapsbrennerei bzw. als in Lohn stehende Brennknechte, von den unzähligen kleinen und größeren Gaststättenbetrieben (bereits 1792 über 60 Stück) ganz abgesehen. Damit ist in Heide auf dem Höhepunkt der Branntweinpest nahezu jeder fünfte Haushalt wirtschaftlich vom Geschäft mit dem Alkohol abhängig.

Volquarts stößt bereits lange Zeit vor Gründung der Vereine in seiner programmatischen Predigt vom Pfingstmontag 1841 in Lunden in das gleiche Horn:

„Viele sehen in der Bereitung gebrannter Wasser nur ein gutes Geschäft... Darf und kann ein guter Christ gebrannte Wasser feilbieten und ausschenken? Nein... Wir verurteilen Verbrechen, Mord, Sklavenhandel und dergleichen – und sollten ihre Quellen, die Quellen geistiger Sklaverei, aus Gewinnsucht verbreiten?[81]"

Vor Ort in Lunden hat es Volquarts bei seiner initialen Dithmarscher Vereinsgründung 1843 gleich mit zwei gewichtigen kommerziellen und in seinem Sinne „unchristlichen" Gegenspielern zu tun.

Neben dem wie Wilde aus Wilster stammenden Bierbrauer und Branntweinbrenner Reimer Hinrich Meier ist hier v.a. der etwas über 30-jährige Peter Hinrich Reimers zu nennen. Reimers ist auf der Mühle an der Heider Mühlenstraße, am Ende der alten Peststraße (heute Louisenstraße) - sozusagen über den alten Pestgräbern - geboren, die sein Vater Carsten Reimers 1799 erwarb.

Einige Jahre später (1812) verkaufte Vater Reimers die Mühle und kam stattdessen in den Besitz der vormaligen Weinhandlung des Hans Diedrich Schmidt am Südermarkt/Ecke Dornstraße, um hier nun selbst in bester Heider Lage, gleich nebenan zum alten „Schott'schen Dreetornshus", einen Branntwein zu brennen und auszuschenken.

Die Destille ist wohl in einem seitlich rückwärtig an der Dornstraße gelegenen Nebengebäude untergebracht, während im zum Markt gelegenen Vorderhaus weiter die Gastgeberei betrieben wird. Heute befindet sich in vorderer Front des Grundstücks unter der Adresse Markt 36 ein Drogeriemarkt.

Carsten Reimers Frau Anna Maria, die Mutter des nach Lunden verzogenen und nun von Volquarts auf kürzeste Distanz attackierten Nachwuchsbrenners, ist eine Tochter des vormaligen, aus alter Meldorfer Dynastie stammenden Brauers und Branntweinbrenners am Zingel Johann Lobeck (1730-1812), der auch die gegenüberliegenden Brennanlagen des bereits eingangs erwähnten Hans Thiessen nach dessen vergleichsweise frühen Tod 1781 dazukaufte, dadurch zumindest zeitweise erfolgreich expandierte und sich zum Meldorfer Marktführer in Sachen Schnaps aufschwingen konnte.

Der später bereits auch einige Jahre vor dem Heider Mühlenkauf 1799 in Lunden wirkende und tatsächlich wohl gelernte Destillateur Carsten Reimers könnte hier in Meldorf seine Lehrzeit verbracht und in zeitüblicher Form mit des Meisters Tochter zugleich berufliche als auch familiäre Grundlagen gelegt haben.

In Konsequenz dieser familiären Entwicklung dürfte sich im Laufe der Reimers'schen Wanderung eine alte Meldorfer Schnaps-Rezeptur wohl über Heide schließlich selbst bis nach Lunden verbreiten und sowohl wertschätzende Kunden als auch eifernde Gegner in ganz Dithmarschen finden.

Ehemalige Branntweinbrennerei Reimers (rechts) am Heider Südermarkt
(vorm. Weinhandlung Schmidt, später ein früher Dithmarscher Hof,
heute ein Drogeriemarkt) - Aufnahme um 1860

Der in Heide geborene Sohn Peter Hinrich Reimers kehrt erst wenige Jahre vor der Lundener Vereinsgründung vom Heider Markt, wo er bei seinem Vater wiederum das in Volquarts Augen anrüchige und Verderben bringende Handwerk erlernte, an die alte zwischenzeitliche Wirkungsstätte des Vaters zurück und heiratet die Enkelin Magdalena Dorothea Wulff des ehemaligen Lundener Achtmanns und langjährigen Bierbrauers Anton Nicolaus Klockenbring.

Dieser Lundener Honoratior wiederum dürfte ein Bruder des vormaligen Landschreibers, Kornverwalters (als Nachfolger von Jacob Diedrich Arens) und Advokaten Anton Friedrich Klockenbring sein, dessen Witwe noch 1803 in Heide zu Süden des Marktes, unmittelbar zur Rechten des Pastorats, in bester Lage in der Volkszählung aufgenommen wird.

An gleicher Stelle lebt zu Zeiten der Mäßigkeitsvereine 40 Jahre später – in Sicht- und Wurfweite zu Brenner Carsten Reimers und als direkter Nachbar von Diakon Koopmann- zunächst der nachgefolgte Landschreiber Jacob Paulsen und dann (u.a. 1845) die verwitwete Mutter mit Schwester des inzwischen Griebel nachgefolgten Landvogts Boysen, der beide hier einquartiert.

Pastorat und Haus Dr. Postel (vor Abriss und Neubau des Postelheims 1893)
Aufnahme um 1890

Auch betreibt hier in den Mäßigkeitsjahren unter gleichem Dach die rund fünf Jahre ältere Schwester Annette Dorothea von Sophie Dethleffs zu dieser Zeit eine „Industrieschule", in der sie der jungen Heider Weiblichkeit vorrangig verfeinerte Künste der Weißschneiderei zu vermitteln suchen dürfte. Die Familien Boysen und

Dethleffs pflegen, wie bekannt, engen freundschaftlichen Umgang miteinander, wie auch die in früheste Jugend zurückreichende Freundschaft des Landvogts Boysen mit Sophie Dethleffs zeigt.

Weitere sechs oder sieben Jahre später wird im gleichen Haus dann der aus der Meldorfer Norderstraße stammende Dr. Heinrich Postel (1800-1875) wirken und der Lage einen bis heute gültigen Stempel aufdrücken.

Der zugezogene Mediziner Postel scheint ein Mann mit Blick für Wesentliches und Naheliegendes zu sein, ein Pragmatiker. Als junger Arzt in Heide zog er mit seiner Familie zunächst zu Norden des Marktes als Untermieter ins Obergeschoss der von Apotheker Biesten neu erbauten Hirsch-Apotheke (s.u.). Nicht das erste Apotheker-Ärzte-Gespann, das sich in Heide zur gegenseitigen Geschäftsbeförderung in dieser Weise räumlich zusammentut.

1851 erbt Postel allerdings ein beträchtliches Vermögen von seinem unverheirateten ältesten Bruder, der in Schweden mit Holz Karriere und Geld machte, und erwirbt das in diesem Jahr aus politischen Gründen freiwerdende Nachbarhaus zur Rechten des Pastorats. Die verwitwete Vorbewohnerin Mutter Boysen will zu diesem Zeitpunkt ihrem vom König „entlassenen" Sohn nach Hildesheim folgen.

Dr. Postels ledige und noch zu Norden des Marktes über der Apotheke - sozusagen im Hirschgeweih - geborene Tochter Wilhelmine „Minna" (1844-1933) Postel investiert viele Jahre nach Tod des Vaters und der aus Schweden stammenden Mutter das ererbte Familienvermögen.

Minna, die den Abriss des alten Familienheims selbst aber nicht mit ansehen und deshalb auf Verwandtenbesuch nach Schweden aufbricht, vermacht das 1893 von ihr in Auftrag gegebene neue „Postelheim" - fast zeitgleich auch Abriss und Neubau der alten Landvogtei zu Norden des Marktes - nach ihrem Tod mit Auflagen der Stadt Heide. Eine fette Trophäe für die Stadt, die das Gebäude u.a. auch nach Räumung des zum Abriss vorgesehenen alten fürstlichen Hauses und vor Bezug des neu errichteten rückwärtigen Rathauses zwischenzeitlich als räumlichen Puffer für die kommunale Verwaltung nutzen kann.

Es sind wohl die in Sichtweite des noch alten Krüppelwalm-Heims der Postels früh erprobten Geschäftsaktivitäten des aus dem lasterhaften Sündenbabel Heide heimgekehrten „verlorenen" Sohnes Reimers, die auch Volquarts auf seiner Lundener Kanzel bald zu einer dramatischen Bildsprache anregen.

Er mag den „armen" Brenner Reimers in seinen späten, schon arg verstiegenen Gedanken als einen gar den alten Heider Pestgräbern entstiegenen Branntweinteufel vor seinem geistigen Auge sehen, wie das in seinen späten Predigten verwendete Vokabular suggeriert, auf das wir zu gegebener Zeit zurückkommen werden.

Volquarts wäre nicht der einzige Geistliche dieser Zeit, der sich in entsprechender Weise mit übersteigerter Bildsprache zum persönlichen Angriff von der Kanzel herab auf das primäre gesellschaftliche Feindbild der Vereine versteigt. Bereits 1843 nimmt er dagegen zunächst das populäre und weniger anstößige Drachenbild in seine Reden auf[82]:

„Der alte Drache ist seiner Höhle entschlüpft und füllt seinen Taumelbecher, aus welchem er den Völkern einen Trank darreicht, um sie zu Sklaven zu machen … Er ist wie eine Schlange, äußerlich prächtig, innerlich giftig; gegen ihn gilt's zu kämpfen."

Viele Dithmarscher fühlen sich offensichtlich allein durch ihr Wappen verpflichtet, fortan als neugeborener St. Georg auch diesen Drachen zu erlegen. Tatsächlich wird der Lundener Mäßigkeitsverein ab 1845 eine Fahne mit der Inschrift „Tod dem Alkohol" führen, auf der der lanzenbewaffnete Dithmarscher Reiter auf einem sich bäumenden Ross dem Branntweindrachen den tödlichen Stoß versetzt.[83]

Auch Volquarts lässt sich nicht lumpen und wechselt hierfür aus der vertrauten Prosa seiner Predigten auf die programmatisch-poetische Kampfbahn[84]:

> Zum Mäßigkeitsvereine
> und Tod dem Brannteweine!
> Heran, heran! Wer's redlich meint,
> der steh' in Reih' und Glied,
> zu schlagen kühn den Feind
> aus unserm Landgebiet.

Der in Wildeshausen geborene, abstinente und konsequent nur Essig brauende Drachenvater Schmidt wird im Übrigen neben seiner öffentlich werdenden Aktivität für die Mäßigkeitssache weitaus bekannter dadurch, dass er als vielseitig orientierter Kaufmann auch den Hamburg-Altonaer optischen Elb- und Weser-Telegraphen errichtet und als für den Hafenbetrieb so wichtigen Schiffsmeldedienst betreibt. Mit diesem erreicht man erstmals 1838-1849 von Hamburg aus Cuxhaven und umgekehrt mittels Spiegel-Lichtsignal-Mastenkette.

Allenfalls eine schöne Anekdote ist es hingegen, dass ihm hierbei in erster Linie die frühe Kenntnis von einlaufenden Rum- oder Melasseimporten aus der Karibik am Herzen liegt, um einen entsprechenden Protestempfang der Mäßigkeitsfreunde vorbereiten zu können.

1848 entsteht bereits eine erste elektrische Verbindung Hamburg-Cuxhaven, die der vorgehenden und nun veralteten Technik schnell den Rang abläuft.

Beiden Geschöpfen Schmidts wird so fast zeitgleich von den Zeitumständen ein früher Garaus gemacht.

St. Georg und der Drache sind allerdings ein mehr als beliebtes Motiv der Dithmarscher und vor allem der Heider Vereinswelt dieser Tage und deshalb auch nicht exklusiv von den „Enthaltsamen" zu vereinnahmen.

Auch die politisier-, sanges- und feierfreudige Heider Liedertafel schmückt sich mit ihnen und macht sie so auch zum Symbol einer dem Alkohol keinesfalls abgeneigten Gegenpartei. Dem Beiblatt der Dithmarsischen Zeitung 30/1844[85] ist am 19. Juli zu entnehmen:

„Ein heiteres Fest beging am gestrigen Tage und bis in den heutigen hinein unsere Liedertafel, welcher bei Gelegenheit eines von ihr veranstalteten Concerts ein von einem Verein hiesiger Damen gesticktes und ihr geschenktes Banner überreicht ward. Dasselbe zeigt in dunkelrothem Sammet eine in Gold gestickte mit einem Blumenkranze umgebene Lyra, neben derselben, in einem Medaillon auf weißem Atlas, das Heider Wappen: St. Georg, den Lindwurm bezwingend..."

Gegründet wurde die Heider Liedertafel am 29. Dezember 1841 im angesagtesten Veranstaltungshaus am Platz, dem Gasthof/Theater Wilde am Markt, in dem knapp anderthalb Jahre später auch der Mäßigkeitsapostel Büttner seinen Auftritt auf großer Bühne haben wird, einer Bühne, auf deren Brettern in der Anfangszeit der Liedertafel bis zu 60 Heider Sänger gemeinsamen Wohlklang und gesellschaftliches Zusammen-wirken proben.

Gastgeber Claus Wilde wird auf der Gründungsversammlung in seinem Hause von den anwesenden 37 Mitgliedern der ersten Stunde zum ersten Wortführer der Liedertafel gewählt, ein Amt, das wenige Jahre später auf Klaus Groth übergehen wird. Erster Kassenwart wird Buchhändler und Zeitungsverleger Pauly.

Wildes Engagement in Sachen Liedertafel sichert seinem Etablissement für einige Jahre sowohl umsatzträchtige Übungsabende und Auftritte – diese allerdings auch in den hinteren Räumen des Landschaftlichen Hauses - als auch einen ersten Rang für sich hieraus nur allzu häufig entspinnende (subversiv angehauchte) politische Diskussionen in kleinerer oder größerer Runde. Die Nordseite des Marktes ist in vielfältiger Hinsicht das gesellschaftliche Zentrum Heides dieser Zeit.

In der Höhle des Drachen

Die relevante gewerbliche Situation im Nordwesten des Heider Marktes.
Im Kontrast die Lebensbedingungen der besonders von der
Branntweinpest bedrohten Ärmsten im Heider Osten.
Die verspätete Gründung des Heider Mäßigkeitsvereins im Sommer 1844.

Insbesondere dem mit diesem bildgewaltigen als auch symbolträchtigen „Drachen"-Marketingmaterial unterstützten rührigen Treiben der Wöhrdener Landmänner um Schoof, Alberts und Kohlsaat ist es zu verdanken, dass, ein Jahr nach Büttners Auftritt bei Wilde im Juni des Jahres 1844, nachdem auch in **Büsum** unter dem Vorsitz des knapp 50-jährigen und aus der Nähe von Bremerhaven stammenden Müllers Jürgen Borchers eine Gründung (genaues Datum nicht bekannt) mit Hilfe der Hedwigenkooger und Wöhrdener gelungen ist, auch endlich in **Heide** eine entsprechende Vereinsgründung erfolgen kann.

Zahlreiche Heider Bürger haben sich bereits zuvor, trotz oder wegen der überaus kritischen Haltung ihres unduldsamen Diakons Koopmann, in Ermangelung eigener kirchlicher Führung im Wöhrdener Verein engagiert und fühlen sich nun bereit für eine Abspaltung, um die Idee auch endlich in der größten Dithmarscher Gemeinde und zugleich der boomenden Dithmarscher Schnapsbrenner-Hochburg, der Höhle des Drachen, zu verbreiten.
Waren noch zur Jahrhundertwende in Heide die Bierbrauer und Branntweinbrenner zahlenmäßig gleichauf vertreten, ist hier der Strukturwandel auf längst eingeschlagenem Pfad weiter fortgeschritten.
Für das Jahr 1833 können nur noch fünf Brauereien nachgewiesen werden, aber bereits doppelt so viele Schnapsbrennereien.[86] Nur zwei Jahre später (1835) hat sich noch eine neue Destille am Heider Markt in exponierter Lage etabliert.

Von nun an könnte es wirklich Westentaschen-poetisch heißen: „In allen vier Ecken soll Branntwein drin stecken". Das bisher von Thedens bzw. dessen inzwischen aus Pommern zugezogenen Geschäftsnachfolger Johann Peter Kroff und Peters/Söth im Nordosten, Lüdert Schmidt im Südosten und Carsten Reimers im Südwesten gebildete Markt-Branntwein-Kleeblatt wird durch Erweiterung im Nordwesten endgültig zum vierblättrigen bzw. -eckigen Glücksklee, zumindest aus Sicht der auf anhaltenden wirtschaftlichen Erfolg setzenden Brenner.

Hier produziert für einige Jahre auch der aus einer alten und breit nach Lunden und Husum verzweigten Heider Kaufmannsfamilie stammende und nun bereits über 50-jährige Nicolaus Landsmann neuerdings Hochprozentiges, während er noch kurz zuvor im inzwischen konjunkturell schwächelnden Holz- und Eisenhandel tätig war.

Landsmann, der viele Jahre in Heide auch als einflussreicher Kirchen- und Kirch-spielvorsteher wirkt, hat wohl erst kurz zuvor die alten, etwas abseitigen Brenn-anlagen des Nachbarn zur Linken Claus Christian Ehlers und vielleicht auch dessen Rezeptur und Arbeitskraft gekauft.

Ehlers muss sich zu diesem Zeitpunkt mit seiner aus der ebenfalls sehr einflussreichen Heider Brauerfamilie des Landesgevollmächtigten Johann Bartels (1737-1817) aus der Süderstraße stammenden Frau Margaretha im vorgerückten Alter mit Mietzuschüssen aus der Armenkasse über Wasser halten, trotz boomender Schnapskonjuktur. Man ahnt eine menschliche Tragödie, geschöpft aus Fluch und Segen des Branntweins zugleich.

Vater Claus Ehlers war ebenfalls noch als Bierbrauer in der Westerstraße im nun zunehmend aus der Mode kommenden älteren Gewerbe tätig.

Der ebenso noch Bier brauende Schwiegervater Bartels ist im Übrigen in zweiter Ehe wiederum ein Schwiegersohn des nur wenig älteren Johann Arens aus dem Schuhmacherort und aus erster Ehe ein Schwager des Bierbrauers Zacharias Kruse vom Markt.

Möglicherweise hat der die Brennanlagen von Ehlers kaufende Landsmann in für ihn nun neuem Gewerbe v.a. die dem Sprit zugeschriebene heilsame Vorbeugewirkung im Sinn oder will fortan nur „medizinischen" Alkohol herstellen. Er ist mit einer Tochter des jüngst verstorbenen Heider Apothekers Carl Friedrich August Biesten (1766-1832) mit Hallenser Wurzeln vom Eingang der Norderstraße (Ecke Markt-West) verheiratet, einer Nachbarstochter von der anderen Straßenseite.

Apotheker Biesten übernahm die jüngere der beiden Heider Apotheken „zum weißen Hirschen" im Jahr 1799 von seiner kinderlos verstorbenen Tante, der Witwe des vormaligen Landesphysicus (im heutigen Sinne Amtsarzt) und Nebenerwerbs-apothekers Christian Ludwig Junker, nachdem er dort bereits mehrere Jahre seit des Onkels Tod (1787) als geschäftsführender „Provisor" für die Tante tätig war.[87]

Die nun (1835) mit seinem wiederum nachgelassenen Sohn an den schräg gegenüber liegenden und angesagteren Nordermarkt umgezogene bzw. neu erbaute Hirsch-Apotheke wird zu Zeiten der Landsmann'schen Destillengründung bereits von Schwager Johann Georg Biesten in unmittelbarer Nachbarschaft geführt - drei Häuser rechts von Landsmann.

Haus „Justizrath Guth" am Übergang Markt-Norderstraße
bis 1841 im Vorbesitz des Kaufmanns und Brenners Nicolaus Landsmann
rechts Gastwirtschaft zur Traube (heute hier Durchbruch Husumer Straße)
Aufnahme um 1880

Hier im Obergeschoss (der heutigen Pizzeria) lebt zunächst der Kooperationspartner Dr. Postel, dem die längst etablierte Apothekerfamilie in seinen ersten Heider Jahren reichlich Neukunden zuführen dürfte. Wohl noch der Vater Biesten erwarb das vormals hier gestandene ältere Gebäude vermutlich nach dem Tod der Witwe Ida Christina (1812) des hier noch 1803 genannten ehemaligen Kanzleirats Georg Johann Timm und ließ danach die alte Bausubstanz abreißen, um an gleicher Stelle die neue Apotheke aufzuführen.

Zu Zeiten der Mäßigkeitsbewegung der 1840er Jahre ist die Hirsch-Apotheke aber bereits in den Besitz des aus Billwerder zugereisten Johann Conrad Runge übergegangen, nachdem Landsmanns Schwager Biesten früh verstarb.

Im vorherigen Gebäude der Hirschapotheke, auf der Südwestseite der Norderstraße und direkt gegenüber von Landsmann, produziert im Heider Vereinsgründungsjahr 1844 der nächste geschäftliche Neueinsteiger einen weiteren Heider Branntwein.

Geboren als Sohn eines Mauermeisters in Lüttenheid, ist hier nun der bereits 60-Jährige Peter Ernst Volkens zum Ende einer aufstrebenden Karriere ebenfalls mit umfangreicher Schnapsproduktion tätig. Er beschäftigt sechs Dienstknechte. Sein 1819 geborener Sohn Johann Cornelius Volkens wird in frühpreußischer Zeit 1869-1873 auf diesem gewerblichen Fundament in Heide nach weiterem gesellschaftlichen Aufstieg als Obervollmacht wirken.

Wo vor nun fast zweihundert Jahren am Übergang von der Norderstraße auf den Markt gegenüber der alten und drei Häuser links der neuen Hirschapotheke der Heider Landsmann-Korn – wahrscheinlich nach alter Ehlers-Rezeptur - produziert wird, lebt nach Landsmann, der sein Haus von seinem gleichnamigen Vater bzw. späteren Stiefvater Johann Christoph Körber übernommen hat, später auch der Landschreiber und Notar Justizrath Guth, bekannt in Heide für seinen hinter dem Haus angelegten großen parkähnlichen Garten, der bis auf bzw. über die Flächen der heute an der Husumer Straße gelegenen Tankstelle reicht.

Hier, im hinteren Bereich, könnten tatsächlich zuvor die an westlicher Grundstücksgrenze gelegenen Brennöfen des Vorbesitzers Landsmann gestanden haben, die dieser zuvor vom Nachbarn zur Linken Ehlers übernommen hat.

Wahrscheinlich ist das spätklassizistische und auf frühen Fotografien festgehaltene Haus Guth, mindestens in seinen Grund- und Fassadenstrukturen, auf diesen vorgehenden Eigentümer Landsmann zurückzuführen. Die dem Wilde'schen Lokal stark ähnelnde Spitzgaube entspricht dem Baustil der 1820-40er Jahre, weniger dem der späteren Guth'schen Jahrzehnte.

Heute „domizilieren" an gleicher Stelle ältere Mitbürger bzw. führt die Husumer Straße nach Norden. Von der alten Struktur und Bebauung an der sowohl ortshistorisch als auch branntweintechnisch so interessanten Einmündung der Norderstraße an den Markt ist in unseren Tagen nichts mehr erhalten, mit Ausnahme des Gebäudes der zweiten Hirsch-Apotheke.

Ex-Kaufmann und Neu-Brenner Landsmann allerdings hält dem trendigen Geschäft nicht allzu lang die Treue – mindestens nicht in Heide. Bereits 1841 lässt er in der Presse zwecks eines Überblicks von Forderungen an ihn seinen beabsichtigten Wegzug ankündigen.[88] Bisher ist sein weiterer Lebensweg nicht ermittelt.

Erwerber der durch den Wegzug Landsmanns frei werdenden attraktiven Immobilie ist zunächst der neue, aus Oldesloe stammende Landschreiber „Kammerrath" Julius Wilhelm Decker. Ihm folgt Jahrzehnte später der „Justizrath Guth", für den das einstige Brenner-Haus und die Lage zu Norden des Marktes ebenfalls außerordentlich standesgemäß dünkt.

Traditionsreicher und beständiger wird noch einige hundert Schritte weiter außerhalb, die Norderstraße hinauf, kurz vor Höhe der Weide (heute Westerweide), in den 1840ern in mindestens zweiter Generation von der Familie Söth (auch Söht) ein Heider Schnaps gebrannt.

Die Destille des verstorbenen Vaters Johann Martin Söth (1756-1823) wird inzwischen - zu Zeiten der Anbahnung einer Heider Vereinsgründung im Sommer 1844 - vom 1798 geborenen Sohn Johann Diedrich Söth weitergeführt. Dieser scheint mit einer Tochter des ehemaligen Brenners Peter Thedens vom Markt verheiratet.

Sein älterer, ca. 1783 geborener Halbbruder Hinrich Martin Söth erwarb nicht nur 1812 vom Vater Carsten des Lundener Brenners Peter Hinrich Reimers die Mühle an der Heider Mühlenstraße, sondern wird auch Schwiegersohn des bereits genannten Bäckers und Brenners Jacob Diedrich Peters.

Söth verkaufte die Mühle - wie zuvor auch der stattdessen ebenfalls fortan Branntwein produzierende Vorbesitzer Reimers - und übernahm nach des Schwiegervaters Tod 1817 für die Söths die vorherige Destille Peters am Nordermarkt kurz vor der Ecke zum Schuhmacherort.

Beim späteren Wechsel vom 19. auf das 20. Jahrhundert wird dem sich deutlich wandelnden Geschmack der wilhelminischen Zeiten von der Familie Söth dergestalt Rechnung getragen, dass man die nun immer weniger attraktiv erscheinende Schnapsbrennerei aufgibt und das eingeführte Traditionshaus zur Weinhandlung umbaut.

Ursache des nun nach Jahrzehnten erstmals reichsweit deutlich zurückgehenden Schnapskonsums ist zweifellos eine drastische Anhebung der Branntweinsteuer, die über die schlagartige Verteuerung des Hochprozentigen tatsächlich erstmals auf breiter Front wirkt und überproportionale Zuwachsraten beim Wein- und Bierkonsum zur Folge hat.

Das im Nordosten des Marktes auf die Destille Peters-Söth folgende kleine Eckhaus ist zum einen in den Mäßigkeitsjahren Zunfthaus der Heider Schuhmacher, was für einen gehörigen Grundumsatz an Alkohol auch in seinen Mauern spricht, dient zum anderen aber auch dem direkt gegenüber im fürstlichen Haus arbeitenden Amtsdiener als Unterkunft, deshalb hier später auch zeitweise eine frühe Heider Polizeiwache.

Die öffentliche Ordnung gefährdende Randalierende oder mindestens um ihre kurzzeitige Besinnung gebrachte Trinker werden allerdings zur Mitte des betrachteten 19. Jahrhunderts nicht hier am Markt unter den Augen der residierenden ersten Kreise untergebracht und ausgenüchtert, sondern im aus dem älteren Heider Gefängnis hervorgegangenen Bürgergehorsam an der Ecke Landweg (Südseite)-Kleinheide und damit fußläufig näher an den heimischen unterklassigen Gefilden der immer häufiger Gestrandeten.

1887 wird der aus dem Hennstedter Kirchspiel stammende Unternehmer und Heider Holzhandlungsgründer Johann Gehlsen (1844-1903) dort ein neues Gebäude errichten und an die Reichspost vermieten.[89] Die Heider kennen die Lage des an gleicher Stelle bereits im 18. Jahrhundert vorhandenen Gefängnisses in der Neuzeit als die „Alte Post" an der Ecke zum Wulf-Isebrand-Platz.

Gehlsen, dessen Vater Michael (1817-1888) in Schlichting als Landmann und Landesgevollmächtigter wirkt, ist Abkömmling einer älteren Holzhändler- und Schifferdynastie aus dem nördlich Hennstedt an der Eider gelegenen Östermoor und erkennt früh die wachsende Bedeutung der Eisenbahn für sein Holzhandlungs-geschäft. Deshalb sein Umzug nach Heide in die unmittelbare Nachbarschaft des seit wenigen Jahren existierenden Bahnhofs mit direktem Gleisanschluss.

Holzhändler Gehlsen ist zudem Vetter der Ehefrau des Bankgründers Gustav Adolf Thomsen (s.u.). Beide stehen bereits stellvertretend für die das Heider Stadtbild prägende Folgegeneration von Unternehmern, die von der weiter gestiegenen Attraktivität Heides aus dem Dithmarscher Umland angesogen werden und die dem boomenden und dominierenden Branntweingeschäft aus der ersten Hälfte des 19. Jahrhunderts in den Gründerjahren des Kaiserreichs bereits weitgehend den Rücken gekehrt hat.

Direkt schräg gegenüber dem alten und bevorzugt zur Ausnüchterung verwandten Bürgergehorsam/Gefängnis, zu Norden des später Wulf-Isebrand-Platz genannten Karrees Kleinheides, liegt auch das mindestens seit den Reformationsjahren des frühen 16. Jahrhunderts belegte Heider Armenhaus. Als *„Gasthus"* oder *„Hus der Elenden"* wird es seit je her in Heide wesentlich durch den Kapitalstock älterer Stiftungen getragen.[90]

Hier im Armenhaus, das auch im Plan von 1756 bereits an gleicher Stelle in Verlängerung der Nordseite der Österstraße verzeichnet wird, ist, als Ursache und Folge der Armut zugleich, Alkoholismus ein besonderes Problem. Obwohl für die untergebrachten Alumnen in den engen Verschlägen und Kammern ein absolutes Trinkverbot gilt, ist die Sucht nach dem überall verfügbaren flüssigen Sorgenbrecher allgegenwärtig.

Hier müssen sie hausen, die sprichwörtlich „armen Schlucker", in Heides „Rumpelkammer", wie Groth im Quickborn wenig schmeichelhaft ein Haus beschreibt - *„dats uns Heider Rumpelkabn"* -, das allsamstäglich die Wochenmarkt-besucher der Geest, die auf dem Landweg von Osten Heide erreichen, in Empfang nimmt.

Wie auch in anderen Dithmarscher Gemeinden der Zeit – belegt u.a. auch mehrmals in Meldorf – setzen die Fleckens- und Kirchenvorsteher in Heide als Gastmeister bzw. Armenvogt bevorzugt abgedankte Soldaten und Unteroffiziere ein, in dem allerdings ein ums andere Mal vergeblichen, weil untauglichen Bemühen, auf diese Weise durch ein strenges Regiment ein Mindestmaß an Zucht und Ordnung sowie Sauberkeit und einen *„sittlichen Lebenswandel"* der Insassen zu gewährleisten. *„Tabakrauchen und Branntweintrinken darf er im Armenhause nicht dulden,"* so dessen Befehl.

Die Heider Armenvögte müssen sich aber auch außerhalb des Armenhauses um Ordnung bemühen, da sie daneben im Flecken auch als dem Kirchspielvogt zugeordneter Polizeidiener fungieren. Neben allgemeinem Ordnungsdienst, Ausrufer- und Feuerlöschpflichten obliegt dem Heider Armenvogt gemäß einer Verfügung von 1747 auch, *„Tanzgelage und Lustbarkeiten zu überwachen"* sowie *„darauf zu achten, dass weder in Wirts- noch in Privathäusern Glückspiele betrieben werden."*[91]
Doch der wirtschaftliche Abschwung in der ersten Hälfte des 19. Jahrhunderts bringt neben einer häufigen Missachtung von Recht und Ordnung auch die Armenversorgung in Heide bald an die Grenze des tradiert durch Almosen, Stiftungen und eine zunächst auf freiwilliger Basis entstandene „Gesellschaft der Armenfreunde" (1801) finanzierten Instituts.
Im Zeitraum von 1803-1835 erhöht sich beispielsweise die Zahl der im Heider Armenhaus untergebrachten von 24 auf gerade noch in den kaum erweiterbaren Räumlichkeiten unterzubringende 43 Bedürftige[92], während sich die Zahl der insgesamt von der Armenkasse Unterstützten im nahezu gleichen Zeitraum von 61 (1803) auf über 300 (1832) verfünffacht.[93]
Mindestens zwei weitere Häuser müssen temporär von der Armenkommune angemietet werden, um dem permanent wachsenden Bedarf der von der wirtschaftlichen Talfahrt aus der Bahn Geworfenen im Laufe der 1830er und 1840er Jahre auch nur im Ansatz gerecht zu werden.

Erst Jahre später (1853) wird schließlich eine neue Lösung für das immer weiter wachsende Armen- und damit teils eng verbundene Alkoholproblem gefunden. Das alte Armenhaus am nordöstlichen Ende der Österstraße, hinter das kurz nach 1800 auch direkt nördlich noch das neuere Gefängnis als nun Stockhaus gebaut wurde, um Platz für die immer stärker benötigten Ausnüchterungszellen des Bürgergehorsams an der gegenüberliegenden alten Gefängnis-Ecke zu bekommen, kann nach Umbauten ebenfalls umgewidmet werden.
Wenige Jahre später (1864) wird das alte Armenhaus zur Mädchenschule mit Pensionat unter dem Kommando dreier Schwestern Saß (Berta und Margaretha unter der Leitung von Dorothea), die in der Kaiserzeit (1908) - unter neuer Leitung seit 1900 - schließlich in heute noch bestehende neue Schulgebäude in der Klaus-Groth-Straße verzieht.
Das älteste Heider Armenhaus wird in der Folge (nach 1908) zeitweise auch für erste Kino-Aufführungen am Ort genutzt bzw. beherbergt im Obergeschoss den ersten Heider Nachkriegs-Kindergarten. Zur Mitte des 20. Jahrhunderts wird das weite Teile

Armenhaus (später Mädchenschule) in östlicher Verlängerung der Österstraße,
zu Norden Kleinheides (heute Wulf-Isebrand-Platz)
rechts der vormalige Gasthof Gilian (später bis Abriss Hein Ehlers)
Aufnahme um 1900

der Heider Stadtgeschichte repräsentierende Gebäude, wie auch die zwischenzeitlich
rechts daneben errichtete Gaststätte (!) abgerissen.

Es ist wohl diese erst in der zweiten Hälfte des 18. Jahrhunderts entstandene und seit
den 1830ern von Georg Hinrich (1781-1845) bzw. nach seinem Tod vom Sohn Georg
Wilhelm Gilian geführte Gaststätte eines der zwei gleichzeitig existierenden Heider
Lokale „Gilian" während der Mäßigkeitsjahre in den 1840ern. Georg Hinrich Gilians
Großvater mütterlicherseits, Claus Koch (1700-1766), war lange Jahre Küster der
Heider St. Jürgen-Kirche. Vater Johann Gilian (1740-1823) war Fuhrmann aus der
Norderstraße.
Letzteres familiäres Gewerbe scheint den Sohn Georg Hinrich zur Inbesitznahme
dieser äußerst verkehrsgünstig gelegenen neuen Gaststätte am Landweg zu
inspirieren. Fortan begrüßt die Stätte jeden (Markt-)Besucher Heides, der von der
Geest die Ortsmitte ansteuert.
Der Heider Bürgerverein von 1846 wird übrigens wohl im in diesen Jahren neu
errichteten Lokal des drei Jahre älteren Bruders Johann Matthias Nicolaus des Georg

Wilhelm Gilian im Schuhmacherort gegründet. Wir kommen darauf zurück, wenn uns die weiteren Ereignisse dorthin führen werden.

Alten Heidern ist noch der letzte neben dem Armenhaus am Landweg im Stammlokal Gilian wirkende Wirt Hein Ehlers ein Begriff. Heute befinden sich an der alten Vergnügungsstätte der große Kreuzungsbereich und die westliche Auffahrt zur Stadtbrücke.

Wesentlich finanziert wird der lange vorbereitete und 1853 endlich erfolgende Neubau eines notwendig größeren Werk- und Arbeitshauses (das spätere Ibsen-Peters-Heim) für die bedürftigen Armen Heides im Nordwesten des Fleckens auf einer alten Instenkoppel, durch eine großzügige Stiftung.

Das neue Haus hat laut Regulativ den nun erweiterten Zweck, „*die Alumnen der Armenkasse in sich aufzunehmen, den alten und den arbeitsunfähigen Personen den ausreichenden Lebensunterhalt, den Kranken die erforderliche Pflege zu gewähren, die Arbeitsfähigen dagegen auf eine ihren Kräften angemessene, geordnete Weise in Thätigkeit zu setzen und den Kindern eine gute Erziehung angedeihen zu lassen.*"[94]

Abermals wird hierzu ein sozialer Brennpunkt an den weiter gerückten Rand des Fleckens – nun an der Norderstraße - gesetzt, ermöglicht durch eine erhebliche Stiftung im Testament (1823) des vormaligen und kinderlos verstorbenen Kirchspieldeputierten Johann Wilhelm Ibsen und die wenig später erfolgende Zustiftung seines ebenfalls ohne Nachkommen versterbenden Erbnehmers, des Landesgevollmächtigten Friedrich Wilhelm Peters (1776-1845).[95]

Ibsen lebt im Alter standesgemäß zu Norden des Heider Marktes, vier Häuser links vom Theater Wilde. Nach seinem Tod zieht hier der bereits genannte neue und Fahrenholz ablösende Heider Landvogtsohn und Postmeister Johannsen ein. Stellt sich die eigentlich ebenfalls rhetorische nächste Frage, woher das Geld für die umfang- und segensreiche soziale Stiftung stammt. Ibsen, der sich früh (um 1800) zur Ruhe setzen und von seinen Zinsen leben konnte, war Bierbrauer (und wohl auch Schwager des nur wenige Schritte weiter brennenden Bäckers Jacob Diedrich Peters).

Die ein ums andere Mal Heides Marktstrukturen bestimmende Brauer- und Brennerschaft des 19. Jahrhunderts ist, wie bereits mit vielen Beispielen belegt, fast unüberseh- und nur unter Mühen entwirrbar miteinander verwandt und verschwägert.

Eine eng verwobene Gemeinschaft, die auch immer wieder ihr Vermögen und Netzwerk nutzt, um am Ort und für die Landschaft in bester Heider Tradition kaufmännischen Einfluss geltend zu machen, sich für die Gemeinde und ihre wirtschaftliche, aber auch soziale Prosperität zu engagieren. Kaum eine Brennerfamilie, deren Glieder nicht im Laufe der Jahrzehnte z.B. auch als Kirchspielvorsteher an der Spitze der kommunalen und kirchlichen Selbstverwaltung agieren.

Die herausragend prägende Rolle der Kaufmannschaft für Heide erklärt sich aus der für Dithmarschen einmaligen ältesten Gründungsgeschichte. Heide ist die einzige große Ansiedlung beider Landschaften, die eben nicht originär durch bäuerliche Hofführung entstanden und in der Folge durch Land besitzende Großbauern dominiert ist.

Gegründet als Versammlungs- und Marktstätte, sind Anpassungsbereitschaft und Progressivität einer Kaufmann- und Handwerkerschaft und eben nicht der häufig primär den Bestand wahrende und beschützende, damit fast zwangsläufig stärker traditionalistische Großbauernstand ein prägender und treibender Faktor für die Stadtentwicklung. Heide scheint nie zur Ruhe zu kommen, sich stetig zu wandeln, ein Charakterzug, der noch heute spürbar ist.
Damit ist aber auch die in der Branntweinpest erstmals überdeutlich werdende gesellschaftliche Spaltung zwischen Arm und Reich in der ersten Hälfte des 19. Jahrhunderts ein Zeugnis des moralischen Konflikts zwischen immer mehr ausgreifender Trunksucht der von der Depression besonders betroffenen unteren Schichten und wirtschaftlicher Potenz der Produzenten und häufig personengleichen Gemeindeoberen – und irgendwo dazwischen die zwischen Abstammung und Profession hin- und hergerissenen Pastoren.

Heide, das oftmals – den Zahlen nach berechtigt - als Stadt der Schuhmacher bezeichnet wird, ist mindestens mit gleichem Recht, v.a. aufgrund deren überragender wirtschaftlicher und damit viel stärker das Stadtbild prägenden Bedeutung, ebenso als Stadt der Brenner und Brauer zu bezeichnen.

Viele der ohnehin durch ihr überhart miteinander konkurrierendes Gewerbe nur schlecht ernährten Schuhmacher dürften der von der Branntweinpest am stärksten betroffenen und bedrohten Klientel zuzurechnen sein. Es sind wohl häufig ihre in den Hinterhöfen Lüttenheids oder dem nordwestlichen Ortsrand Heides hart verdienten Groschen, die am Ende des Tages in den Kassen und Geldschränken der Brenner und Wirte am Markt den Abend gemütlich ausklinge(l)n lassen.

Dr. Stubbe bietet in seiner Aufarbeitung der Geschichte der Vereine für die auch hierauf reagierende – und leicht verzögerte - Heider Gründung Material aus dem ihm vor hundert Jahren offenbar vorliegenden Archiv der Lundener Bewegung an.
Das Ausgründen von neuen örtlichen Vereinen aus dem Nukleus einiger weniger, bereits zuvor in Nachbargemeinden engagierter Mitglieder ist ein besonders an der strukturschwachen Westküste Dithmarschens und bei „Koopmann'scher" Distanz der örtlichen Prediger von nun an auffälliges und erfolgreiches Vorgehen zur Gründung der meist auf Männer (aber nicht nur) beschränkten Vereine.

Stubbe weist in seiner Bewertung auf dieses regionale Spezifikum besonders hin. 1846 wird Volquarts im Übrigen, als Unikum in Dithmarschen, einen eigenen Lundener Frauenverein nachziehen.

Das vom Apostel Büttner im Vorjahr gesäte Interesse an entsprechender Vereinsaktivität kann Koopmann mit seiner Gegenrede auch in **Heide** eben nicht dauerhaft unterdrücken. In der Dithmarscher Zeitung No. 28 vom 13. Juli 1844 findet sich der folgende „Aufruf an die Bewohner Heides und der Umgebung":

„Die Unterzeichneten waren bisher Mitglieder des Wöhrdener Enthaltsamkeitsvereins und fanden in der Teilnahme an diesem Vereine eine kräftige Stütze, dem Laster der Trunkenheit zu entsagen und zu wehren. Da aber die Anzahl der Mitglieder aus Heide und Umgebung immer größer wurde, so daß sie die Mitgliederzahl mancher Vereine übertraf, so hielten wir es angemessen, einen eigenen Verein zu bilden. Zu diesem Zwecke wurde unter den Heider Mitgliedern des Wöhrdener Vereins die Verabredung getroffen, daß sie am 28. Juni auf der Ziegelei vor Heide im Hause des Herrn Dedert sich versammeln wollten, um dort den genannten Plan zur Ausführung zu bringen. Dieses ist auch an dem bezeichneten Tage geschehen, und der neu entstandene Verein hat sich sogleich auch einen Vorstand gewählt aus seiner Mitte."

Der im Fürstentum Lippe-Detmold geborene und als junger Mann vor 1828 in Dithmarschen zugewanderte Ziegelmacher Johann Friederich Adolph Dedert (1803-1855), auf dessen Ziegelei sich obiges erstes Vereinstreffen im Sommer 1844 bezieht, wird in den Volkszählungen 1835-1855 in Heide im 2. Quartier, Haus Nr. 1 - durch Rückschluss: auf der östlichen Südseite - des Landwegs mit Familie genannt.
Diese zunächst noch nicht eindeutige Adressangabe muss sich auf das Rüsdorfer Umfeld beziehen, wo er und später sein Sohn Johann Ludolf als Ziegeleibesitzer genannt sind (s.u.).
Dedert gehört im Unterschied zu seiner in Rüsdorf geborenen zweiten Frau Wiebcke Catharina Beckmann (1795-1868) und seinen Kindern, die bei der Erhebung konfessionell der lutherischen Kirche zugeordnet werden, hiernach der reformierten Kirche an.
Seine erste Frau Antje Volkens aus Dörpling ist im Februar 1830 in Heide jung verstorben. Er heiratet im Februar 1831 erneut und bewirtschaftet bereits bei der Volkszählung 1835 und auch noch im Vereinsgründungsjahr 1844 die ehemalige Ziegel- und Steinbrennerei seines verstorbenen zweiten Schwiegervaters Johann Ludolf Beckmann (1747-1818), der noch 1803 mit Familie in Heide unter der Adresse Ziegelei No. 107 in Heides 1. Quartier (östlichste Nordseite des Landwegs), genau gegenüber der späteren Nennung von 1835 und 1840, in der Österegge bezeichnet wird, nach dem Kirchenbuch aber ebenfalls in Rüsdorf lebt und wirkt.[96]

Gastwirtschaft am Ziegelhofteich
vormals Teil der Ziegelbrennerei Beckmann/Dedert zu beiden Seiten des Landwegs

Gebäude nördlich (1. Quartier) und südlich (2. Quartier) dieser Mikrolage des östlichen Landweges sind also zwangsläufig als wirtschaftliche Einheit zu sehen.

Bei der kirchlich zu Rüsdorf gezählten, im obigen Zeitungsartikel als „vor Heide" gelegenen und offensichtlich für ein größeres Vereinstreffen bereits ausreichenden und adäquaten Sitzplatz vorhaltenden Ziegelei, die bei den Volkszählungen aber stets unter den Heider Adressen notiert wird, muss es sich zwangsläufig bereits zum Teil um die spätere Gastwirtschaft beim „Ziegelhofteich" oder einen baulichen Vorgänger derselben am Landweg (heute Hamburger Straße) im Osten Heides handeln.

Hier trifft seit Jahrhunderten auf alter Rüsdorfer Feldmark der Bauernweg von Rüsdorf (heutige Berliner Straße) auf die östlich aus Heide herausführende Landstraße. Schon im ältesten detaillierten Heider Stadtplan von 1756 ist sie – wohl im Besitz des im gleichen Jahr hier bereits als Steinbrecher genannten und anscheinend in den 1740ern zugewanderten Beckmann-Vaters Ludwig Friedrich Ambrosius (ca. 1715-1762) - als die „alte Ziegeley" verzeichnet.

Das in der Planlegende explizit genutzte Attribut „alt" deutet darauf hin, dass sie bereits im 17. Jahrhundert als solche angelegt ist.

Nur gute vierzig Jahre, nachdem sie den Abstinenzlern 1844 als erstes – aber nicht dauerhaftes - Hauptquartier dient, wird sie zur Jahrhundertwende unter den Nachbesitzern Suhr zum äußerst beliebten stadtnahen Ausflugs- und Amüsierziel der wilhelminischen Heider Gesellschaft. Nicht ermittelt ist zum jetzigen Zeitpunkt, ob sich auf Suhrs Getränkekarte zu dieser späteren Zeit auch wieder Spirituosen finden lassen.

„Um nun aber den Zweck des Vereins zu fördern, „dem unheilvollbringenden Genusse aller gebrannten Wasser möglichst entgegenzutreten", fühlen wir uns gedrungen, dieser Mitteilung nachstehende Aufforderung hinzuzufügen. Zunächst ersuchen wir jeden, dem das Wohl seiner Brüder, wie sein eigenes Wohl am Herzen liegt, unserm Vereine als Mitglied beizutreten, oder doch in seinem Kreise die Wirksamkeit des Vereins zu fördern.
Aus eigener Erfahrung ist uns leider die traurige Knechtschaft bekannt, in welcher derjenige lebt, welcher dem Genusse des Branntweins fröhnet; und es sind wenige in der Mitte unseres Vereins, die nicht die traurigen Folgen derselben für ihr religiöses, bürgerliches und Familienleben empfunden haben. Noch jetzt – das ist unsere feste Überzeugung – würden wir in diesem Zustande dahinleben, hätte nicht der benachbarte Verein in Wöhrden uns freundlich die Hand zur Rettung geboten.

Nachdem wir nun frei geworden sind von jenem verderblichen Hange, haben wir so recht einsehen gelernt, in welch elendem Zustande wir uns ehedem befanden, und schätzen uns nun glücklich, daß wir durch den Enthaltsamkeitsverein unsern Familien, unserem Gewerbe und der kirchlichen Gemeinschaft im wahren Sinne wiedergegeben sind. Darum ergeht auch am dringendsten unsere Aufforderung an Euch, die Ihr noch in solcher Knechtschaft lebt, Euch mit uns zu verbinden, und das Joch dieses Eures Feindes, der euch meist so freundlich und gefahrlos erscheinen mag, abzuwerfen.

Aber auch Ihr, die Ihr Euch freier wähnet von jener verderblichen Gewalt, lasset dieses unser Wort nicht unbemerkt und unbeherzigt! Es ist ja eine anerkannte Wahrheit, daß ein Trunksüchtiger weder anderen noch sich selbst es gerne gesteht, daß er diesem Laster ergeben ist, Wie mancher geht als Trunksüchtiger einher und glaubt selber nicht, es zu sein! Aber ein plötzliches gänzliches Versagen dieses Genusses würde ihm zeigen, daß schon ein Hang in ihm war, der ihn allmählich in die Reihe derer geführt hätte, die er jetzt als leiblich und geistig Verfallene verabscheut oder bedauert. Der Eintritt in unsern Verein würde einen solchen zum Stillestehen zur Besinnung bringen und ihn von diesem verderblichen Wege entfernen.

Möchten aber auch diejenigen, welche sich jener Getränke gänzlich enthalten, doch nicht der Meinung sein, daß ihr Beitritt überflüssig sei und unsere Sache weiter nicht fördere! Denn solche Männer sind ja eben allerorten die festesten Stützen der Vereine gewesen: Sie sind es ja, durch welche die Schwachen gehalten werden und an deren Beispiele sie sich aufrichten und in ihrem Vorhaben befestigen sollen.
An diese ergeht darum ganz besonders auch unser Aufruf. Und gerade die eben genannte Rücksicht, wie auch ein fühlbarer Mangel in unserem Vereine selbst, nötigt uns zu einer besonders dringenden Bitte an die Gebildeten in unserer Umgebung.

Unser Verein besteht nämlich aus lauter Mitgliedern, welche teils dem Handwerkerstand, teils der Klasse der Tagelöhner angehören. Ist dieser Umstand auch eben kein wesentliches Hindernis für das Bestehen und die Wirksamkeit des Vereins, so würde derselbe doch gewiß unendlich gewinnen, wenn sich uns auch Männer aus den gebildeten Ständen anschließen wollten; zumal da durch einen aus solchen Männern bestehenden Vorstand der Verein besser ausgerichtet, geleitet und in jeder Hinsicht besser vertreten würde, und also auch um so besser und erfolgreicher wirken könnte, als wie es gegenwärtig möglich ist.
Freilich findet hier ein Fall statt, welcher in der Geschichte der Enthaltsamkeitsvereine, soweit uns bekannt, einzig in seiner Art ist. Während nämlich bisher allerorten, wo solche Vereine bestehen, die Gründung derselben von Männern aus den gebildeten Ständen unternommen und dann das Volk, auf dessen Wohl es dabei abgesehen war, zum Beitritt aufgefordert wurde, bittet nun im Gegenteil eine Anzahl Mitglieder aus dem Volke, die aus eigenem Antriebe und nach eigener Einsicht einen Enthaltsamkeitsverein errichtet haben, daß sich Mitglieder aus den gebildeten Ständen ihrer doch annehmen und das von ihnen begonnene Werk fördern wollen.

Streitet dieser Fall aber auch gegen die so oft ausgesprochene Behauptung, daß die Besserung des Volkes von den höheren Ständen ausgehen müsse, so haben wir doch zu den gebildeten Männern in Heide und Umgebung Zutrauen, daß sie hieran keinen Anstoß nehmen, sondern vielmehr bereitwillig eine Gelegenheit nutzen werden, wo sie, als Freunde des Volkes, mit großem Erfolge des Volkes Wohl befördern können.

Nachträglich bemerken wir noch, daß unser Verein, welcher gegenwärtig aus 26 Mitgliedern besteht, seine nächste Versammlung am 21. Juni (Anm.: muss Juli heißen) nachmittags um 4 Uhr in der Freischule in Heide halten wird. Der derzeit. Vorstand wird diese Versammlung leiten, wobei jeder Anwesende den Anordnungen desselben Folge zu leisten hat.

Den 5. Juli 1844 – die Mitglieder des Heider Enthaltsamkeitsvereins."

Von Schule und Schnaps

Strukturen der Heider Schullandschaft, insbesondere
die Freischule und die Bürgerschule mit ihrem räumlichen
Umfeld zu Süden des Heider Marktes.
Blick des Mädchenschullehrers Klaus Groth auf die
Geschehnisse mit den „Mäßigkeiters".

Die als zukünftiger Versammlungsort des Heider Mäßigkeitsvereins angekündigte
Heider „Frei- oder auch Armenschule" wurde bereits 1819 – in Klaus Groths Geburts-
jahr – durch engagierte Mitglieder und Administratoren der Heider Armenkommune
gegründet.
Geführt wird die Heider „Freyschule" im Vereinsgründungsjahr 1844 von dem aus
dem Kappelner Raum stammenden und nun 46-jährigen Lehrer Heinrich Müller
(1798-1857), der 1826 für die Freischule unter Vertrag genommen wurde[97] und sehr
wahrscheinlich auch zu den ersten Vereinsmitgliedern in Heide zu zählen ist.
Gemäß der in Heide sehr stringenten Erhebungsreihenfolge der Volkszählungen 1835-
1845 ist die Heider Freischule - mit Müller als Lehrer - direkt gegenüber dem südlichen Ende der Süderstraße, auf den Gastwurten errichtet.
Hier wird sie bis zur Schließung 1856 bis zuletzt unter Lehrer Müller, der nur wenige
Monate nach seiner Pensionierung verstirbt, betrieben, um dann für kurze Zeit
zunächst in das neue Werk- und Arbeitshaus des späteren Ibsen-Peters-Heims an der
Norderstraße integriert zu werden, bevor die vormaligen Armenschulkinder bereits
bald darauf als zeitgenössische Form der „Inklusion" in den ordentlichen Schulbetrieb
eingegliedert werden.[98]

In der Heider „Frei- oder auch Armenschule" werden die Kinder von Armengeld-
empfängern und andere aus öffentlicher Kasse versorgte Eleven „frei" - ohne eigene
Kosten und allein durch die Armenkommune finanziert - unterrichtet.
Eltern oder Pflegeeltern meist niederen Standes, die sich allerdings erdreisten, ihre
Schutzbefohlenen dennoch wiederholt nicht zum „frei gewährten" Unterricht zu
schicken, werden von der Obrigkeit, als *Schulverächter*" (verbal) gebrandmarkt und
auch schon einmal mit 24stündigem oder gar in besonders unbotmäßigen Fällen
zweimal 24stündigem *„Gefängnis bei Wasser und Brot"* belegt. Dokumentiert ist dieses

u.a. durch einen tatsächlich exekutierten Fall im Dezember 1828, unmittelbar vor Weihnachten.

In vielen Fällen sind die schon in frühem Kindesalter zur Mithilfe beim Broterwerb verdammten Armenschüler und -schülerinnen Halb- oder Vollwaisen. Manch einer der Väter und Brüder, auch einige Mütter, sind ertrunken, ertrunken in tausenden von Schnapsgläsern.

Ihre Hinterlassenschaft sind immer häufiger in soziales und wirtschaftliches Elend gestürzte Familien, bei denen in diesen Jahren auch immer öfter selbst die in diesen prekären Verhältnissen aufwachsenden Kinder zur Flasche greifen.

Auch das Vereinstreffen in der gegenüber dem Südende der Süderstraße gelegenen Armenschule an den Gastwurten gibt einen Hinweis auf die Zusammensetzung des Heider Vereins aus überwiegend unteren gesellschaftlichen Schichten.[99]

Hier finden dann auch die meisten der folgenden ordentlichen Vereinssitzungen statt.

Wie sich das gehört, natürlich an Sonntagen nach Ende der Sonntagsruhe, später - dank Volquarts Initiative - unmittelbar nach Beendigung des Gottesdienstes.

Monatliche Sitzung
des
Heider Mäßigkeits = Vereins
im Freischulhause in Heide.
am Sonntag, den 15ten September 1844,
Nachmittags 4 Uhr.

Beiblatt zur Dithmarsischen Zeitung Nr. 37 von Sonnabend, den 14.09.1844

Die vollständigen Namen aller sich in der Heider Freischule treffenden ersten Heider Vereinsmitglieder bzw. die Zusammensetzung des ersten Gründungsvorstandes sind leider aus dem sehr begrenzt vorhandenen Archivmaterial bisher nicht zu ermitteln. Als Schriftführer des Heider Mäßigkeitsvereins wird allerdings, mindestens im ersten Jahr des Bestehens, ein „Herr Maaßen" genannt.[100] Für diesen ist bislang aber noch keine eindeutige Identifikation gelungen.

Zum Zeitpunkt des Vereinsbestehens leben in Heide gemäß der Volkszählungen u.a. in der Norderstraße ein Schlösser Johann Reinhold Maassen (1844 ca. 42 Jahre alt) mit Frau sowie in der unmittelbaren Nachbarschaft zu diesen auch der ca. 60-jährige aus Eggstedt stammende Tischler Claus Maassen mit Familie. Beide kommen dem Alter nach für eine entsprechende Funktion in Frage.

Ein weiterer möglicher Kandidat ist der ebenfalls knapp 60-jährige Schuster Peter Maassen, der mit Frau im Nordwesten der Heistedter Straße lebt.

Alle potentiellen Kandidaten sind eindeutig dem mittelständischen Handwerk zuzurechnen.

Heißester Kandidat für das Schriftführeramt des Heider Mäßigkeitsvereins aber ist der im Jahre 1844 ca. 41-jährige Johann Christian Maassen, der mit seiner Familie in Kleinheide lebt. Seine älteste, nun gerade einmal 15-jährige Tochter Anna Maria Sophia ist laut den Volkszählungen dieser Jahre als ledige Dienstbotin beim Wellinghusener Großbauern Barthold Schoof in Diensten. Schoof aber ist treibende Kraft des im Vorjahr gegründeten Wöhrdener Vereins, in dem sich laut Pastor Stubbe zahlreiche Heider Gründungsmitglieder zuvor engagiert haben.

Es scheint wahrscheinlich, dass hier über die vereinsbezogenen Verbindungen der Väter die Heider Schustertochter attraktiv in Lohn und Brot bei einem der prominentesten Marschbauern seiner Zeit gebracht werden konnte.

Die erste, ältere und gegenüber der an den örtlichen Rand gebauten Freischule respektable Bürgerschule wird zu Beginn des 19. Jahrhunderts in Heide dagegen an exponierterer Stätte an der Südseite des Marktes wenige Häuser linker Hand des Pastorats als frischer Neubau mit dem leitenden Rektor Caspar Detlef Krull, einem im Jahre 1803 ca. 55-jährigen Junggesellen, genannt.

Krull, der seit 1771 langjährig in Heide wirkte, war Doktor der Philosophie und aus Lütjenburg gebürtig.[101]

Zuvor standen die älteren Gebäude dieser Schule, mindestens seit dem 17. Jahrhundert, in Wurfweite den neuen Gebäuden genau gegenüber, noch auf dem Marktplatz, östlich des bis 1825 um die Kirche liegenden Kirchhofes.

Um die Jahrhundertwende liegt dem nun erst vor wenigen Jahren unter Rektor Krull neugebauten und für einige Jahrzehnte auskömmlichen Schulgebäude gegenüber, an deren alter Stätte, noch der Schulgarten.[102]

Wenn schon der Unterricht in der Heider Armen- bzw. Freischule aufgrund der teils schwierigen Familiensituation der Kinder für Lehrer Müller nicht einfach ist, so gestaltet sich ein geordneter Ablauf der weiterführenden Schulstunden am Markt für die meist behüteter aufwachsenden Schüler auch nicht immer ungestört.

Direkt nebenan treibt nämlich seit einigen Jahren Heides inzwischen größter Schnapsbrennereibetrieb sein Gewerbe und in den Augen der Enthaltsamen Unwesen.

Gerdt Thomas Berg (ca. 1788-nach 1845), ein Heider Kaufmanns- und Knopfmacher-sohn von der Westseite des Marktes (mit älteren Meldorfer Wurzeln), hat eine Enkelin des Heider Brenners Johann Arens vom Schuhmacherort geheiratet, ist damit dem engmaschigen örtlichen Netzwerk der Brenner beigetreten und hat sich in der Folge ebenfalls auf das boomende Gewerbe verlegt.

Bereits 1825 soll dieser Berg auch die Besitzungen des noch wenige Häuser weiter links am Markt – eine weitere Produktionsstätte auch am Scheibenwall südlich von Lüttenheid - lange Jahre erfolgreich wirkenden, dann 1824 Pleite gegangenen Kaufmanns und Ölfabrikanten Matthias Reinhold Nissen erworben haben.

Groth hat diesem in seiner Erzählung „Um de Heid" als „Duewelskerl" ein weiteres literarisches Denkmal gesetzt. Zum Teil reicht Berg laut der Mühlengeschichte Dithmarschens genau diese Nissen-Erwerbungen später an seinen zunächst bei ihm arbeitenden und von den Meldorfer Huesmann (u.a. Klosterbrauerei) abstammenden Schwiegersohn Adolf Hermann Huesmann (1807-1889) weiter.

Huesmann ist mit seinem übernommenen Ölhandel bereits ab 1845 in den Flächen genannt, die von seinem Schwiegervater Berg stammen, dessen ehemaliger Destille direkt neben der Schule, auf die gleich noch etwas genauer eingegangen werden soll.

Man hat also wohl zuvor die alte Rossmühle Nissens nach Erwerb an alter Stätte (wohl rückwärtig zum am Markt gelegenen Vorderhaus) abgetragen und neben der Schule neu errichtet.

Im unmittelbaren zeitlichen Umfeld der Heider Vereinsgründung hat sich Schnapsbrenner Berg, der auch ein Vetter des inzwischen in Heide lebenden Dr. Postel ist, allerdings bereits zur Ruhe gesetzt. Er lebt im Alter mit seiner Frau auf der Ostseite des Schuhmacherortes.

Sein unmittelbarer südlicher Nachbar ist dort wiederum die alte Brennerei des Großvaters Johann Arens seiner Frau, die 1845 noch von der Witwe Antje des aus Vaasbüttel bei Hohenwestedt nach Heide gekommenen Detlef Stange (1789-1834) und deren Kindern geführt wird. Stange hat die florierende Arens'sche Destille wohl bald nach Tod des alten Arens übernommen.

Die 1831 hier geborene Tochter Ida Margaretha Stange wird zu Beginn der 1850er Jahre des Weiteren den später am Nordermarkt die Destille Peters/Söth des Vaters übernehmenden Johann Diedrich Söth heiraten und damit weiteres Heider Netzwerk knoten.

Derweil am Markt, unmittelbar links neben und versetzt hinter der Schule, wo heute wohl noch im von Kirchspielvorsteher Berg modernisierten älteren Gebäude (s.u. die nun schon so vertraute „typisch Heider", auf den älteren Krüppelwalm gesetzte spitze Gaube mit Bogenfenster) Lederwaren und Hörgeräte zu haben sind, rauchen die mit Torf befeuerten Brennöfen in den 1830ern und 1840er Jahren wohl besonders häufig.

Schule am Markt (ganz rechts), links daneben Branntweinbrenner Berg
(später Schwiegersohn Huesmann als Ölfabrikant)
die hohen Bäume in der rechten Hausreihe zeigen den Vorgarten der (verdeckten)
neuen Landvogtei unter Griebels Amtsnachfolgern (Boysen, Hansen)
an Stelle der alten Ölmühle vom „Duewelskerl" Nissen
Aufnahme um 1900

Neben zwei Dienstmädchen – beide Cousinen von Johannes Brahms – beschäftigt
Berg hier beispielsweise im Jahr 1835 neun überwiegend junge und kräftige
Dienstknechte und ist damit der mit Abstand größte Arbeitgeber unter den Heider
Brennern seiner Zeit. 1840 ist die Zahl der für ihn tätigen Tagelöhner nochmals auf elf
gestiegen.

Geschäftiges Treiben und beständig durch die Fensterritzen wabernde Branntwein-
düfte dürften hingegen dem nebenan versuchten aufmerksamen Unterricht auf
höchstem Niveau nicht sonderlich zuträglich sein.

Vorwitzige Schüler könnten Lateinlehrer und Vereinsverächter Koopmann mit
Verweis auf „in vino veritas" mehr als einmal in Rage treiben. Und auch Groths
Versuche, der jungen, 80-110-köpfigen Heider Weiblichkeit in seiner Klasse – wohl im

hinteren Teil des Obergeschosses - grammatikalische Stilübungen und Schönschreiben näher zu bringen, dürften ein ums andere Mal vom nachbarschaftlichen Treiben unterlaufen werden.

Denn 1819 (nach Rektor Krulls Tod) und damit bereits vor den Mäßigkeitsjahren wurde die den Unterricht der vorgeschalteten drei (später vier) kleineren Elementar-schulen weiterführende Heider Knabenschule am Markt auch zur Mädchenschule erweitert, an der ab 1832 auch der junge Kantor Gustav Adolph Selle (1808-1864) als erster von zwei Mädchenlehrern und dann auch ein Klaus Groth 1842-1847 unterrichtet, während innerhalb und außerhalb der Unterrichtsräume Brenner und Mäßigkeitsfreunde konfrontativ zu wirken beginnen.

Mittig die Kirchspielschreiberei Dührsen am heutigen Böttcher-Rondell
(links das Stammhaus Böttcher, davon links wäre bei größerem Bildausschnitt die Brennerei Schmidt zu sehen, ganz rechts folgt das Himmelreich)
alle drei abgebildeten Gebäude sind aufgegangen im Neubau Böttcher/Ramelow
Zeichnung um 1860

Groths Kollege Selle, der später Heide verlassen und als Lehrer und Organist nach Rendsburg ziehen wird, ist nicht nur seit langem der erste ordentlich ausgebildete Organist in Heide – sein unmittelbarer Vorgänger war seit 1825 der Autodidakt und Branntweinbrenner Claus Ralfs aus der Österstraße[103] -, sondern auch der ältere Bruder zu Groths späterem Freund Leonhard Selle (1816-1884).

Beider Vater Jasper Ludwig Selle (1782-1854) war kurze Zeit junger Lehrer und Organist in Wesselburen, ab 1810 in Gelting.

Dieser jüngere Selle – Leonhard -, Lehrer und Organist wie Vater, Bruder und weitere teils prominente (auch wohl in Heide wirkende) Familienmitglieder[104], ist es, bei dem Groth 1847 nach seiner krankheitsbedingten und von reichlich Liebeskummer begleiteten „Flucht" aus Heide bis 1853 Unterschlupf auf Fehmarn und Zeit als auch Muße für seinen „Quickborn" findet.

Der zunächst noch in Heide verbliebene Altkollege Gustav Selle bewirbt, Arm in Arm mit dem inzwischen an den Nordermarkt umgezogenen Zeitungsmacher Pauly, nach Erscheinen das Werk Groths in einigen Vorträgen – auch auf Wildes Bühne ? - in dessen Vaterstadt an Freundes Statt.

Groth kann nach seiner früheren Schreibertätigkeit bei Kirchspielvogt Johann Matthias Dührsen (1800-1871) – zwei Häuser rechts der Brennerei des Lüdert Schmidt, auf Höhe des heutigen Haupteinganges des Textilhauses - und folgender Seminaristenzeit in Tondern im Jahresverlauf 1841 zunächst als „Substitut" bzw. Hilfslehrer in Heide tätig werden und dann 1842 die Nachfolge des zuvor unterstützten langjährigen zweiten (seit 1819 zunächst ersten) Mädchenlehrers Hans Friedrich Haack (1776-1841) in seiner Heimatgemeinde antreten.

Haack stammt aus Moldenit, verdiente sich seine ersten Sporen als Hilfslehrer in Flensburg an einer privaten Schule und war bereits um 1806 nach Heide gekommen. Er ist im Dezember 1841 als zweifacher Witwer, von Pauly früh verdrängter Kantor der Heider Kirchengemeinde und zunehmend frustrierter, weil ab Selles Zuzug 1832 auch noch zum zweiten, also weiter degradierter Mädchenlehrer in besagtem Schulhaus am Markt in nachhaltiger Verbitterung verstorben.

Im gleichen Gebäude an der mittigen Südseite des Marktes lebt auch der lebenslustige Kantor, Knabenlehrer und Modehändler Pauly mit seiner Familie und direkt westlich (rechts) nebenan in den ersten Heider Jahren auch dessen Bruder, der Zeitungsverleger Pauly.

In diesem vormals von Pauly bewohntem Gebäude, in dem er seine „Dithmarsische Zeitung" 1832 gründet, wird im Übrigen in der Kaiserzeit auch die Buchhandlung und -druckerei des Johann Andreas Ebel (1828-1899) betrieben, des Gründers des Heider Anzeigers (1869), der heutigen Dithmarsischen Landeszeitung, die im Laufe der Zeit auch die alte, zunächst untergegangene und kurzzeitig wiederauferstandene ältere Zeitung Paulys aufnehmen wird.

Heute ist die Stelle dieses also in doppelter Hinsicht ersten Heider „Zeitungshauses" überbaut mit dem linken Teil des genossenschaftlichen Bankgebäudes.
Der Vollständigkeit halber sei hier noch erwähnt, dass Groths Vorgänger Haack in erster Ehe (1807) mit einer Tante des Vereinsgründers Volquarts verheiratet war, der Heider Pastorentochter Dorothea Sophia Amalia Volquarts (1780-1824).

Frühestes Zeitungshaus in Heide – in den 1830er Jahren hier zunächst Friedrich Pauly, später der Gründer der DLZ, Johann Jacob Ebel (heute der linke Teil der genossenschaftlichen Bank auf der Südseite des Heider Marktes)
Aufnahme um 1910

Er hat also, möglicherweise seine Anstellung nicht zwingend bedingend, aber beträchtlich befördernd, eine Tochter des einstellenden Vorgesetzten geheiratet. Mindestens dieses Schicksal teilt der nachfolgende Groth nicht.

Möglicherweise wäre dieser Onkel Haack des Vereinsgründers Volquarts aus diesen familiären Gründen dessen Mäßigkeitsidee, trotz erheblichem Bedarfs an persönlichen Trostspendern, durchaus zugeneigt gewesen, wäre er nicht durch seinen vorherigen Tod einer solchen Gewissensentscheidung nachhaltig enthoben worden.

Indizien für ein entsprechendes Engagement des jungen und mit den einfachen und teils problematischen sozialen Gegebenheiten in Lüttenheid bestens vertrauten Nachfolger Klaus Groth im Heider Enthaltsamkeitsverein liegen dagegen nicht vor, auch wenn dieser während seiner Jahre als Lehrer, der Sparsamkeit wegen, wieder im größeren Familienkreis des Elternhauses mit klarem Blick auf die Verhältnisse im Auge des über Kleinheide in Zyklen besonders aufbrausenden alkoholischen Sturms lebt.

Vater Hartwig Groth ist als zeitweiliger örtlicher Armenvorsteher oft genug als Kummerkasten mit Rat und Tat im Milieu gefragt und auch zur Stelle.[105]

Aufgrund der weitgehenden Zurückhaltung bzw. Verweigerung der vorgesetzten örtlichen Geistlichkeit um Koopmann dürften auch die angestellten Lehrer zwar von den Aktivitäten zur Mitte der 1840er Jahre vor ihrer Tür beste Kenntnis haben, sich aber selbst nicht allzu sehr verbrüdern, bei aller auch in Groths Werk an mehreren Stellen spürbaren persönlichen Sympathie für die Betroffenen und die Sache.

Groth skizziert in seinen „Vertelln" die gut betuchten Heider Branntweinbrenner, wie alle „*Grotlüd ant Markt*", mit größerer Distanz:

„*Darto weer de Brenner sin Husherr, harr Kaptal in sin Gewes, wovaer he …mit Zinsen gerecht warrn muss, …Ordnung muss sin, sä he, dat weer sin Art vun Religion, wovun he sunst ni veel hebbn schull.*"

An anderer Stelle schreibt er über Heides erste Kreise, zu denen auch der Geldadel zu zählen ist:

„*Man harr darum doch nich jüs wat gegen die Lüd, wenn man de Avkaten utnimmt.*"

Ansonsten eher mit Worten spielende und die Achseln zuckende Poesie über die Phalanx der eigentlich herrschenden, weil besitzenden Klasse, die aber kaum tiefere Einblicke in Groths Einstellung zum Vereinsinhalt gewährt:

> De Brenner un de Brur
> Holt tosam vun Natur.[106]

Dennoch, wie wahr und augenfällig, wenn man sich die engmaschig verwobenen Familienstrukturen und Blutbande der beiden Gewerbe in Heide ansieht.

Freundlicher, verständiger, zugewandter fällt da Groths Beschreibung des Quartalstrinkers Justus aus, den er in seiner Erzählung „Um de Heid" mit „*sin Quatemberdörst*" auftreten lässt:

„*Dat Quartal keem öfter, de Quatember full jümmer op en Mandag. …Sünndags gung he to Kark. Awer wenn sin blaue Mandag keem…*".

Tatsächlich lebt zu Groths Zeiten ein um 1780 geborener Weißgerber Lehne mit dem in der Region seltenen Vornamen Justus auf der westlichen, der vormaligen

Westereggen-Seite der Heider Norderstraße. Sowohl räumliche als auch berufliche Verortung legen bei diesem eine Zugehörigkeit zu den unteren Schichten und damit eine mögliche Urquelle für Groths Figur nahe.

Allerdings nicht nur diesem Milieu entstammende Trinker und ihre mannigfaltigen Schicksale sind in Groths prägenden jungen Dithmarscher Jahren wenngleich nicht dominant, so doch hintergründig allgegenwärtig.
Bereits in seinem Frühwerk „Hans Schander" lässt er im „Quickborn" beispielsweise einen trinkfreudigen Landmann der Marsch die wiederholt mahnenden Worte der Ehefrau vergessen und auf dem Heimweg vom Heider Markt nach Wesselburen auf dem Rugen Barg bei Wesseln von durch maßlosen Alkoholgenuss heraufbeschworenen Geistern heimleuchten.

> Wa arg de bösen Manns doch sünd!
> So menni Rath geit innen Wind!
> De beste Fru er beste Wort
> Spölt de verdreihte Branntwin fort!

Selbst in der tierisch unschuldigen Fabel „Wa Swinegel un Matten Has' inne Wett lepen" scheint der bevorzugt im Verlaufe des Sonntags nach dem Kirchgang genossene und vor dem „blauen Mandag" omnipräsente Alkohol bei Groth seinen reichlich Lokal- und v.a. Zeitkolorit tragenden Auftritt zu haben:

> De Sünndag keem – wa lach de Welt!
> De Sünn schin opt Kantüffelfeld,
> De Schosterjunges keemn mit Hacken,
> Mit Schotfell voer, in vullen Snacken,
> Opkrämpte Arms – un all noch nüchtern!
> Uns Stachelswin verkrop sik schüchtern,

Kann man beim Ausdruck „nüchtern" noch argumentieren, dass hier gegebenenfalls nur auf das unschuldigere „Ungefrühstückt-Sein" abgestellt wird, ist der Schnaps an anderer Stelle in gleicher Fabel subtil, aber eindeutig zu identifizieren:

> Kriggt man des Abends mal en Fes,
> So hett man annern Dags en Bles

Insgesamt aber bleibt die Kulisse der Branntweinpest in Groths Werk nur schwach ausgeleuchtet. Gelegentlich in Alkohol getränkter Lokalkolorit und wenige Anekdoten über kleine und große Brenner und ihre Widersacher, die „Mäßigkeiter", wie Groth sie in seiner Erzählung „Vun den Lüttenheid" nennt. Seine „vielseitigen …

Interessen bewahrten ihn davor, selbst all zu viel Abwechslung in den Niederungen des geselligen Treibens der Kleinstadt zu suchen".[107]

Oder wie Groth schreibt:

„Ich mochte dies Singen, Trinken, Renommieren nicht; mich langweilte jede Gesellschaft, in der es an weiblichen Wesen fehlte... Ich zog mich freilich nicht zurück von festlichen Zusammenkünften auf der Kneipe bei einer dampfenden Bowle; ich sang tapfer mit aus meiner hellen Knabenkehle;"[108]

Heide wird in seinem rückschauenden Werk zu einem verklärten Sehnsuchtsort, einem „idealisierten, aus dem Lauf der Zeit herausgehobenen literarischen Ort".[109]

Schemenhaft und mehrdeutig bleibt da auch, ob es sich bei der Beschreibung der „Waterbörs" in seiner gleichnamigen Erzählung um mehr handelt, als einen Begegnungsplatz, wo vornehmlich die Jugend auf dem Holzstapel klönt, raucht und nur der Kosten wegen günstiges Wasser trinkt.

Jugendlich knapper Geldbeutel mehr als expliziter Ausdruck einer Gesinnung. Oder kann man hier doch auch bereits eine gesellschaftskritische Komponente gegen den ansonsten omnipräsenten Alkohol sehen?

Dann wären die jugendlichen Börsianer aus Groths Erzählungen am Ende auch früh empfängliche Sympathisanten, wenn nicht gar aktive Mitglieder auch der etwas späteren Mäßigkeitsbewegung.

Die „Waterbörs" jedenfalls ist keine auf Heide beschränkte improvisierte Institution dieser Zeit. Auch das alte Wöhrdener Materialienhaus trägt entsprechende Hinweise auf eine zeittypische Dithmarscher Treffkultur, die auch ohne Schnaps auskommen will und kann.

Wie schnell alkoholfreie „Waterbörs" oder berauschtere Feste allerdings zur Nebensache werden können, wenn das Theater (bei Wilde) in die Stadt kommt, beschreibt Groth auch in seinem „Peter Kunrad".

> Dat Dörp weer ganz verännert un verwandelt
> De Waterbörs' un alle flogen op,
> Un Danzgelagg un Kranz- un Finsterbeer:
> Dar war vun nix mehr spraken as Theater.

Mindestens vom älteren Groth ist seine Bewunderung aber auch für die klare und schnörkellose Sprache eines jüngeren holsteinischen Dichters Detlev von Liliencron (1844-1909) belegt. Dessen sinnenfreudige Einstellung zum Leben und Sein schreckt Groth offensichtlich in seiner Zuneigung mitnichten ab.

An dieser Stelle sei, zur Abrundung und unter - zunächst - Aussparung weiterer zielführender Erkenntnis in Groths eigenem Oeuvre, abschließend auf Liliencrons autobiografisches Gedicht „Bruder Liederlich" verwiesen, in dem dieser derber als ein Groth zum Ausdruck bringt, was ihn zum Thema Abstinenz umtreibt:

wo Männer sich raufen, da bin ich dabei,
und wo sie saufen, da sauf ich für drei.

Groths Parteinahme zum Thema Alkohol ist offensichtlich nicht nur literarisch vielschichtig. Man denke an seine nicht unwesentliche Teilhabe an der Begründung der neueren Heider „Hohnbeer"-Bewegung und sein Engagement in der Liedertafel. Und auch das ab 1843 zusätzliche väterliche Müllergewerbe mit seinen finanziell lukrativen engen Kontakten zu den Heider Brauern und Brennern, dürfte in Groths Schaffensjahren bestens verankert sein.

Abschließend sei zu Groth noch ergänzt, dass seine in den Mäßigkeitsjahren auserkorene aber unerreichte Liebste Mathilde Ottens[110] (1827-1898), eine höhere Tochter aus Heides „Intelligenzia"-Kreisen vom Markt, zunächst bei ihrem Vater, dem Advokaten und Landsekretär Peter Ottens (1785-1862) als auch später mit ihrem an Stelle des verschmähten Groth erwählten Mann und zugleich ihrem Cousin, dem Kreisphysicus Dr. Nicolaus Dohrn (1824-1901), in der ehemaligen Postmeisterei Fahrenholz zu Norden des Heider Marktes lebt, in der nach den Dohrns das Landratsamt seinen Platz findet.

Als vom täglichen Schultreiben und auch wohnräumlich etwas entrückter Rektor der Heider Schule fungiert 1829-1840 als Nachfolger von Krull der 1801 in Preetz geborene Carl Dörfer.[111]

Ihm folgt 1840-1858 und damit auch als Groths Vorgesetzter der ebenfalls noch junge Angeliter und als Theologe ausgebildete und spätere Hohenfelder Pastor Johann Friedrich Schröder[112], der im Vereinsgründungsjahr 1844 in Heide zwei Häuser rechts der Witwe Boysen (diese im alten Postelheim) in einem kleinen Haus zu Süden des Marktes wohnt, das in den 1950ern im Verbund mit drei weiteren umliegenden Gebäuden dem Neubau der DKB (heute Sparkasse) weichen muss.

Hier setzt bereits die Stiftung des Landesgevollmächtigten und Dannebrogsmann Jacob Friedrich Elvers (1756-1838) vom November 1826 (königlich bestätigt 1828) neue schulische Impulse in Heide. Zuvor lebte vor den beiden genannten Rektoren im fortan für längere Zeit Heider Rektorenhaus die ältere unverheiratete Schwester Hedwig Sophie des Friedrich Elvers. Dieses Familienbesitztum geht mit besagter Stiftung in den zweckgebundenen Schulbesitz über.

Elvers, der Zeit seines Lebens an vom Vater Claus, Kaufmann wie er selbst, ererbter Stelle an der südlichen Westseite des Marktes schräg gegenüber der Rektoren-wohnung lebt, war auch bereits zuvor bei Landerwerb und Errichtung der Heider Armenschule im Auftrag der Armenkommune stark engagiert.

Er ist im Übrigen mit seinem 1827 ebenfalls spitzgiebelig im klassizistischen Stil errichteten neuen Haus - heute ein Fotogeschäft, das Jahreszahl und Elvers Initiale noch im Giebel trägt - am Südermarkt unmittelbarer langjähriger Nachbar zur Rechten des bereits in Erscheinung getretenen Branntweinbrenners Carsten Reimers, dessen Geschäfte wiederum auch dem von Elvers zeitlebens umsorgten örtlichen Schulwesen nun einige Folgeprobleme bereiten.

Das sich an Reimers Gebäude jenseits der Dornstraße unmittelbar anschließende „Dreetornshus", das vom Norderdithmarscher Landesbaumeister Johann Georg Schott (1690-1753) im Jahre 1733 errichtet wurde, muss in diesem Zusammenhang und der Vollständigkeit halber ebenfalls nochmals erwähnt werden.
Elvers Schwiegermutter Magdalena Friederike Numsen, verwitwete Jacobsen ist als geborene Schott (1742-1822) eine späte Tochter des Baumeisters.

Ehemalige Brennerei Reimers (links – entlang Dornstraße wohl im hinteren Anbau einst die Brennanlagen) und Haus Elvers von 1827 (Bildmitte) zu Südwesten am Markt
Aufnahme um 1900

Zu Zeiten der Heider Vereinsgründung lebt in dessen herausragender baulicher Schöpfung dessen Enkelin Catharina Margaretha geb. Schott (1762-1855). Sie ist eine Tochter des Heider Müllers Conrad Schott (1725-1776), ältere Schwester der 1771 geborenen Ehefrau Anna Elsabe des Branntweinbrenners Jacob Diedrich Peters vom Nordermarkt und Witwe des verstorbenen Hans Jacob von Herberg (1744-1824), der hier bis zu seinem Tod als Färber mit einer stattlichen Textildruckerei tätig war.

Die über einige Generationen in mehreren Zweigen in Heide wirkende Färberfamilie hat wohl auch eine nicht allzu ferne Verbindung zu den drei Gebrüdern von Herberg, die 1782 die landesweit „berühmt" werdende große Leinen- und Kattunfabrik in

Husum gründen, die im familiären Vergleich allerdings in deutlich größerer Dimension als der Heider Ableger wirkt.

1798 wird mindestens die Ehefrau des älteren der Husumer Brüder (Jacob) als Patin in Heide eingesetzt.

Im Haushalt der Witwe von Herberg lebt 1844 im „Dreetornshus" auch ihre Tochter Anna Elsabe Hedwig (1798-1866), die an den aus Katharinenheerd stammenden Pastorensohn und hier in Heide seit einigen Jahren für die Schwiegermutter die Geschäfte führenden Kaufmann Jacob Hinrich Boeter (1790-1865) kinderlos verheiratet ist.

Eine weitere in Heide im „Dreetornshus" geborene Herbergs-Tochter Rebecca Catharina (1795-1874) lebt wiederum in Husum als Ehefrau des aus Altona an die Westküste verzogenen Tabakfabrikanten und Kolonialwarenhändlers Ernst Maack (1791-1848). Auch dieses ein Indiz für die vermutete enge Verbindung der Heider mit der Husumer Familie von Herberg.

Im Heider Vereinsgründungsjahr 1844 wird auch hier, im markantesten und ausdrucksstärksten der Heider Markthäuser, nachdem der benachbarte Reimers seine Produktion zu diesem Zeitpunkt schon eingestellt und an den Weinhändler Andreessen verkauft hat, mindestens im engen räumlichen Schulterschluss mit den Nachkommen Schotts, unter wahrscheinlicher Nutzung der alten Brennanlagen von Reimers, ebenfalls ein neuer Heider Schnaps „gebrandtet", doch hierzu später mehr.

Dreetornshus und Dithmarscher Hof
ehemals zeitweise auch Brennereien Brandt und Reimers
Aufnahme um 1900

Boysen und der Hahnenkampf

> Der eskalierende Konflikt zwischen Volquarts und Koopmann.
> Die teils pikante Situation, in die sich Landvogt Boysen beim
> Betreten dieser Arena begibt.
> Der Zweikampf der Kirchenmänner wird immer persönlicher,
> „die Mäßigkeit" maßlos und verkommt schließlich zum Reizwort.

Nach Klärung der Verhältnisse auch zu Süden und Südwesten des Heider Marktes, mit den von der Branntweinpest ebenfalls stark bedrängten Aktivitäten der Schule in deren Mitte, zunächst zurück zur unmittelbaren Gründungsgeschichte des Heider Mäßigkeitsvereins.

Der hochsommerliche Vereinsaufruf in Paulys Blatt vom Juli 1844 um Beitritt und Führungshilfe hat eine durchschlagende Wirkung, trotz der traditionell starken Lobby der Ort und Marktplatz dominierenden Branntweinbrenner als Arbeitgeber, Koopmanns Widerworte und der wohl fehlenden Unterstützung durch dessen örtliche Kirchenkollegen und Schulleitung.

Ein Achtungserfolg, der umso bemerkenswerter ist, da gerade erst in Heide auch die Renaissance alten Feier-Brauchtums begonnen hat. Mit Besinnung auf die älteren Eggen wurde 1841 das neuzeitliche „Hohnbeer" initiiert und trägt offensichtlich seit einiger Zeit mindestens in der Weise zur Spaltung der Gemeinde bei, dass wohl auch im Kreise der Eggenbrüder um einen Klaus Groth reichlich diskutiert werden dürfte, welche Rolle der Schnaps hierbei spielen sollte und darf.

Nicht nur werden sich in den kommenden Monaten über 100 Heider in den auch hierauf reagierenden Mäßigkeitsverein von 1844 eintragen lassen und zunächst regelmäßig an den Gastwurten in der Freischule zusammenkommen – das wäre ca. jeder 7. Heider Haushaltsvorstand der Zeit -, auch kann laut Stubbe tatsächlich mangels williger Pastoren der amtierende Landvogteiverweser Paul Johann Friedrich Boysen (1803-1886) zum prominenten Vorsitz bewegt werden.

Mütterlicherseits ist Boysen in Sachen Alkohol allerdings erheblich vorbelastet. Er ist ein weiterer Enkel des bereits mehrfach genannten Heider Branntweinbrenners und Landesgevollmächtigten Johann Arens aus dem Schuhmacherort.

Paul Johann Friedrich Boysen um 1849

Der wenige Jahre zuvor (1838) verstorbene vieljährige (1780-1825) Kirchspielvogt Paul Diedrich Arens, der Amtsvorgänger von Groths Vorgesetztem Johann Matthias Dührsen (1800-1871, Amtszeit 1825-1869), war Boysens Onkel.
Landvogt Boysen ist somit auch ein Ururenkel des Großvaters von Johann Arens mütterlicherseits, Johann Abraham, der schon um 1700 in Heide als Brauer und Brenner genannt ist. Dessen Gewese und Gewerbe an wohl gleicher Stelle der ungefähr heutigen Nr. 20/22 im Schuhmacherort hat der aus Albersdorf zugezogene Schwiegersohn Paul Gerhard Arens (1705-1786) wohl mit Heirat 1729 in Ergänzung seiner „amtlichen" Funktion als fürstlicher Kornschreiber übernommen und später an seinen ältesten Sohn Johann Arens weitergereicht.
Sein Amt als Kornschreiber gab der alte Arens dagegen an seinen zweiten Sohn Jacob Diedrich weiter, den Erbauer der „alten" Landvogtei von 1774.
Landvogt in Wartestellung Boysen ist also selbst ein junges Glied einer der ältesten Heider Brennerdynastien und Teil dessen Generationen überspannenden und engmaschigen lokalen Netzwerks. Seine glänzende verwaltungstechnische Karriere ist, wie die vieler seiner lokalen Kollegen, mit mehrfach „gebranntem und gebrautem" Familienvermögen finanziert. Auch er ist sozusagen mit Schnaps großgezogen worden.

Und dennoch ist des Landvogts nun antialkoholisch eingefordertes Engagement andererseits mindestens von Vaterseite nicht gänzlich verwunderlich, denn Paul Boysen ist ein zu Norden des Heider Marktes (rechts neben der Postmeisterei Fahrenholz) geborener Chirurgensohn und damit durchaus auch mit den medizinischen Folgen der Branntweinpest vertraut.

Sein väterlicher Großvater Paul Buchholtz Boysen (1739-1811) war, wie auch bereits dessen aus Flensburg zugezogener Vater Lorenz Boysen (1705-1765) zuvor, zudem Chirurg und Küster in Lunden, also bereits auch für den Großvater von Pastor Volquarts tätig.

Dieser Propst Georg Volquarts ist sogar den Namen gebender Pate von Landvogt Boysens Vater Georg Wiebers Boysen (1770-1830). Man kennt sich gut bei Volquarts und Boysens, steht wohl auf durchaus vertrautem Fuß.

Paul Boysen ist weiterhin mit einer Tochter des vormaligen Norderdithmarscher Propstes in Heide, Carl Andreas Schetelig (1775-1825), verheiratet und damit auch vielfältig mit weiteren engen Kontakten in die bezüglich der Mäßigkeitssache tief gespaltenen pastoralen Kreise ausgestattet.

Seit 1838 amtiert er in seiner Geburtsstadt zunächst als (kommissarischer) Verweser der vom alten Griebel aufgegebenen Landvogtei für Norderdithmarschen, nachdem er als studierter Jurist zuvor von 1825-1828 bereits drei Jahre in Griebels Landvogtei als Privatsekretär und seit 1828 offensichtlich sehr erfolgreich und sich ebenfalls für Höheres empfehlend als Kirchspielvogt in Büsum eingesetzt war.

Allerdings erst 1845 erhält er, ein Jahr nach Übernahme des nun angefragten Vereinsvorsitzes, anlässlich einer Visite vom „dicken König Kreideweiss (Kridewitt)"[113] in Heide die formale Bestallung zum ordentlichen Landvogt.[114]Bei der vorgehenden großen Dithmarschen-Reise im August 1842, bei der Christian VIII. auch in Heide Station machte, unterblieb diese eigentlich längst überfällige Aufwertung noch.

Seine beruflichen Anfänge in Heide als – noch etwas auf Distanz gehaltener - Verweser der Vogtei musste der nun dem Verein näher tretende Boysen seit Zuzug aus Büsum so auch noch einige Jahre etwas abseits des Marktes erbringen. Zunächst lebt er mit Frau, Sohn, Schreibern und Kopisten auf der östlichen Seite der Süderstraße, im fünften Haushalt vom Markt aus gesehen, schräg nördlich (heute Süderstraße 7) gegenüber der Einmündung der Peststraße und der Brauerei Wördenhoff / Albers.[115]

Das in traditioneller Krüppelwalm-Bauweise errichtete Domizil bewohnte der gerade erst 1838 verstorbene, vormalige und zuletzt wegen Kassendefekten in Ungnade gefallene und in Folge „vom Markt verbannte" Branddirektor Johann Dethleffs, Vater der engen Jugendfreundin Sophie von Paul Boysen.

Der Einzug Boysens in das in unseren Tagen längst moderner überbaute Haus ist also sehr wahrscheinlich mit engsten freundschaftlichen Kontakten und Banden zur Familie seiner jugendlichen Vertrauten begründet. Spätestens in diesen Jahren dürfte auch hier in der Süderstraße ein Band zwischen Boysens Mutter und Sophie Dethleffs Schwester entstehen. Beide werden, wie bereits berichtet, einige Jahre später gemeinsam auch noch unter dem Dach des älteren Postelheims am Markt leben.

Zwar nicht prestigeträchtig, aber dennoch vorteilhaft ist für den vielbeschäftigten und multipel geforderten Boysen an dieser etwas abseitigen Bleibe, dass er dadurch anfangs wohl nur einen äußerst kurzen Fußweg, die halbe Süderstraße hinunter, zu den regelmäßigen Sitzungen des Heider Mäßigkeitsvereins in der nur knappe hundert Meter entfernten Armenschule hat.

Bereits vor 1845 und damit im zeitlichen Umfeld der Vereinsgründung und ordentlichen Amtsübernahme kann allerdings auch er endlich an den respektableren Markt zurückkehren.

Boysen zieht in die fortan in Heide „Neue Landvogtei" genannte Lage zu Süden am Markt, in der zuvor der Groth'sche „Duewelskerl" Matthias Reinhold Nissen als Sohn eines Zollverwalters aus Uetersen zunächst mit seiner Ölmühle ein Vermögen verdiente und dann im wirtschaftlich depressiven Nachlauf der napoleonischen Niederlagen wieder verlor.

Durch Aufkauf und Abtransport der alten Mühlanlage durch den Brenner Berg, Mann von Boysens Cousine, war die zum Markt hin enge, aber sich weit nach hinten in Richtung Lüttenheid erstreckende Lage freigeworden.

Auch Boysens Nachfolger als Norderdithmarscher Landvogt, der vorherige Meldorfer Kirchspielvogt - und Schwiegersohn des alten Griebel - Carl Nicolaus Diedrich Hansen (1801-1863), übernimmt später von Boysen das ebenfalls vermutlich „unprätensiöse" Gebäude, das sich allein dadurch auszuzeichnen scheint, dass es die Häuserfront an der Marktsüdseite nach hinten durchbricht und bis in das frühe 20. Jahrhundert hinein durch eine hohe Gartenmauer und einen größeren Vorgarten dem hektischen Markttreiben etwas entrückt bleibt.[116]

Kleine Vorgärten am Markt waren in Heide stets dezenter Ausdruck einer elitären Stellung oder entsprechender Geltungsansprüche. Zaun und Teile des Vorgartens sind auf einigen frühen Fotografien erhalten, die neue Landvogtei aus solchen Gründen leider nicht. Heute an gleicher Stelle das rechts unmittelbar auf das große, ursprünglich Thomsen'sche Bankgebäude folgende Haus, in dem Backwaren zu haben sind.

Der alte emeritierte Landvogt Griebel ist bei Amtsniederlegung 1838 nicht bereit, sein ererbtes herrschaftliches Domizil vorzeitig aufzugeben, auch wenn der junge Boysen als Großneffe des Erbauers hierbei mindestens nicht gänzlich ohne Ambitionen bleiben müsste. In dänischer Zeit ist weder Person noch Gebäude eine erst unter den folgenden Preußen mit hoheitlichem Status belegte Behörde.

Das alte, dann auch längst nicht mehr mit dem Glanz einer Landvogtei strahlende Gemäuer zu Norden des Marktes wird einige Jahrzehnte später (1893/94), lange nach Griebels Tod und längst baulich kaum noch wiederzuerkennen, vom nun preußischen

Reichstagsabgeordneten und Bankgründer Gustav Adolf Thomsen (1833-1915) aus Zennhusen erworben und abgerissen.

An dessen Stelle lässt der Vorzeigeunternehmer neuen Typs „auf importiertem Marschboden" das in rotem Backstein gemauerte, gründerzeitlich betürmte Klein-Schloß-Gebäude errichten, das heute allerdings fast ein wenig untergeht neben den teils deutlich voluminöseren Neubauten zu beiden Seiten. Nur der kleine Vorgarten und die nach hinten aus der Flucht fallende Lage des Hauses deuten auf eine besondere Stellung vergangener Tage.

Zaun und hohe Vorgartenbäume der Neuen Landvogtei (Bildmitte in linker Hausreihe) nach links in den Vordergrund folgen Hotel Burmeister (abger. 1908, hier heute das Bankgebäude; zu Zeiten des Mäßigkeitsvereins noch Kaufmann Huxholt bzw. dessen Tochter) und Kaufhaus Karstadt (abgebrannt, heute zum Teil verbreitertes Himmelreich)

Der nun stattdessen zu Süden des Marktes amtierende Nachfolger Boysen ist aufgrund seiner Arens'schen Brennerbezüge auf der einen und der familiären Verbindungen seiner Frau in die Pastorenszene Dithmarschens auf der anderen Seite in der Folge ein versierter und trittsicherer Wanderer zwischen diesen beiden Welten und damit bestens präpariert für diverse Fettnäpfchen und Fallstricke, die die Mäßigkeitssache auch in der kommenden kurzen, aber intensiven Zeit für ihn als Vorsitzenden des Heider Vereins bereithalten wird.

Während eine leichte wirtschaftliche Erholung seit Beginn der 1840er Jahre auch die soziale Lage viel zu langsam zu entspannen beginnt, ist es vor allem der kircheninterne Zwist, der die ohnehin zähe und kontroverse Vereinsarbeit unnötig belastet. Hilfe könnte Vereinsvorsitzender Boysen hierzu eigentlich vom Vorgesetzten der beiden streitbaren Kontrahenten Volquarts und Koopmann erwarten, dem Norderdithmarscher Propst.

Der im Jahr 1844 der Heider Vereinsgründung im alten Pastorat zu Süden des Marktes wirkende Hauptpastor und Propst Georg Conrad Wilhelm Schetelig (1799-1879) ist ein in Husum geborener Neffe von Boysens Schwiegervater und Amtsvorgänger als Norderdithmarscher Propst, ein Vetter von Frau Landvogt Boysen.
Schetelig bleibt aber in seiner Funktion als Vorgesetzter der zerstrittenen Dithmarscher Pastorenschaft weitgehend neutral und hält sich persönlich bedeckt. Hinweise darauf, dass sich dieser jüngere Propst Schetelig in einem der Dithmarscher Vereine engagiert, liegen nicht vor. Es ist durch die Aktivitäten seines untergebenen und unter gleichem Dach lebenden Diakons Koopmann gezeigt, dass man hieran auch ernsthaft zweifeln kann. Wäre es der Fall, würde Koopmanns Widerpart Volquarts diesen Umstand gewiss in ihrem öffentlich ausgetragenen Disput genüsslich ausgeweidet und zur Diskreditierung desselben genutzt haben.

Nur des Propstes entfernter Verwandter (ein Cousin x-ten Grades), der in Tondern geborene zeitgleiche Friedrichstädter Pastor August Friedrich Schetelig (1806-1857) ist als junger Prediger in Burg auf Fehmarn mit dem Gedankengut der Mäßigkeitsvereine in ebenfalls frühe sympathisierende Berührung gekommen und hat bereits im Vorjahr 1843, gemeinsam mit dem Rektor Biernatzki, nach seinem Wechsel im Jahr 1842 nach Friedrichstadt dort zeitnah ebenfalls einen Verein gegründet.
Dieser Schetelig ist es auch – nicht der Heider Propst -, der bereits im Oktober 1843 mit einem Artikel in der Dithmarsischen Zeitung den dann nur für ein knappes Jahr auch tatsächlich erfolgreichen Versuch unternimmt, den erstmalig aufgekochten Dithmarscher Pastorenstreit zu schlichten, indem er Koopmann in Bezug auf ausgemachte „katholische" Gefahren für die Kirche aus zu großem weltlichem Engagement zwar im Kern zustimmt, die Mäßigkeitssache aber hiervon explizit ausnimmt. Bezüglich des bereits eingerissenen Tonfalls bittet er um Mäßigung:[117]
„Nach dieser freimüthigen Expectoration, wozu ich mich gedrungen fühlte, scheide ich von Ihnen, lieber Pastor Koopmann, indem ich Ihnen brüderlich im Geist die Hand reiche, wissend, daß wir in der Hauptsache einig… Lieber sähe ich es, wenn die fernere Discussion nicht öffentlich geführt würde".

Landvogt Boysen, der sich im Januar 1846 auch für den Vorsitz des gegründeten Heider Bürgervereins begeistern lassen wird, nachdem bereits im Dezember 1841 nach der „Hohnbeer"-Initiative auch der zuvor als mit einem Drachenbanner beschenkte „teilpolitische" Heider Gesangsverein – die Liedertafel – aus der Taufe gehoben wurde, wird sich im Zuge der Schleswig-Holsteinischen Erhebung, vier Jahre später, in gewichtiger Sache ebenfalls stark engagieren. Spätestens jetzt wird er die zu diesem Zeitpunkt längst dümpelnde Mäßigkeitssache wohl gänzlich hintanstellen.

Von Herbst 1848 bis Frühjahr 1849 wird er der Schleswig-Holsteinischen Regierung angehören und bis Januar 1851 auch den Posten eines Chefs des Departement des Inneren besetzen.

Nach endgültiger Niederschlagung der Erhebung durch die dänische Krone wird der exponierte Boysen folgerichtig vom König als Norderdithmarscher Landvogt entlassen und von 1853 bis zu seinem Tod 1871 in Hildesheim, dem Zugriff dänischer Obrigkeit entzogen, als Bürgermeister, später Oberbürgermeister fungieren.

Eingedenk der beschriebenen Zusammensetzung des Heider Mäßigkeitsvereins aus den überwiegend unteren sozialen Schichten ist zu vermuten, dass Boysens Bereitschaft, diesem Verein ab Sommer 1844 vorzustehen, wie auch das Engagement anderer Honoratioren der Gemeinde, in erster Linie dem Motiv entspringt, dem Armenwesen vor Ort eine weitere, in hohem Maße notwendige Stütze zu geben.

Mit verwandtem Motiv, dem Volksbildungsniveau auf die Sprünge zu helfen, wird bekanntlich zwei Jahre nach dem Heider Mäßigkeitsverein auch der Heider Bürgerverein von 1846 ins Leben gerufen.

Es ist im dänischen Staatswesen der 1840er Jahre eines der zentralen Bestreben der neuen Regierung Christians VIII., insbesondere durch Hebung der Volksbildung, wegen chronisch leerer Kassen und schlechter wirtschaftlicher Verfassung, diesbezüglichen bürgerlichen Aktivitäten mindestens moralisch den Rücken zu stärken.

Legendär (und visionär wenn man auf 1848 schaut) wird seine jugendlich sarkastische, aber auch angesichts des gerade erlittenen dänischen Staatsbankrotts ohnmächtige Reaktion von 1813 auf den Widerstand des damaligen Finanzministers seines noch regierenden Vetters Friedrich VI., den Bildungsetat zu erhöhen:

„Arm und elend sind wir. Wenn wir jetzt auch noch dumm werden, können wir aufhören, ein Staat zu sein."

Der vom Landvogt Boysen verwaltete Norden Dithmarschens wird nun, 30 Jahre später und in Christians eigener Regierungszeit, ausgehend von Lunden und Wöhrden, früher und anscheinend nachhaltiger von der Abstinenzbewegung ergriffen als der Süden.

Die stärker der orthodoxen Denkwelt eines Harms und Koopmann zugeneigte Süderdithmarscher Pastorenschaft wirkt hier wohl mehrmals entscheidend entsprechenden Gründungstendenzen entgegen.

Tatsächlich scheint es in Süderdithmarschen nach Wöhrden überhaupt nur in zwei weiteren, dem Norden geografisch und damit auch gedanklich näheren Gemeinden zu Gründungen zu kommen, die aber im Unterschied zu den frühen Aktivitäten im Norden des Jahres 1843 tatsächlich nicht durch das pastorale Netzwerk Volquarts geprägt oder gesteuert sind.

Nach dem nervenden Kleriker-Streit, der das gesamte Jahr 1843 beherrschte, werden nun die Aktivitäten - wie auch bereits bei Vereinsgründung 1844 in Heide - stärker verweltlicht, wenngleich häufig nur oberflächlich kaschiert. Denn es ist zu vermuten, dass es tatsächlich Volquarts oder ein Strohmann desselben ist, der sich hinter einem anonym mit „W." unterzeichneten „Aufruf" verbirgt, der abermals im Oktober 1844 die Dithmarscher bei ihrer Landesehre – allerdings recht plump - zu packen sucht[118]:
„Dithmarscher! Vor einiger Zeit las ich eure Landesgeschichte und fand, daß eure Vorfahren ihre Freiheit sehr liebten und tapfer vertheidigten. Kein Adel konnte unter ihnen aufkommen. ...Doch leider muß ich eure Freiheitsliebe bezweifeln, denn seit langen Jahren treibt ein gewaltiger Herr unter euch sein Wesen, welcher seine Macht immer weiter ausdehnt und bei seinem Thun so stark rumohrt, daß einem die Ohren gellen... Dieser Herr ist der Genuß spirituöser Getränke....Er ist also ein Grausamer, ein wahrer Landesfeind..."

Nur eine Ausgabe später wütet Volquarts nach diesem wohl „eingeflüsterten" Prolog dann wieder offen und mehrseitig gegen seinen persönlichen Lieblingsfeind – nein, nicht den Alkohol -, den er von nun an nur noch als „den orthodoxen Prediger" oder noch kürzer „o.P." anätzt, viel Eifer und Geifer. Beispiel gefällig?
„Daher also der Haß, der blinde (nun jeder Haß ist blind, denn nur der geistig Blinde kann hassen) Haß gegen die Vereine."
Koopmann hat sich in Reaktion auf die tatsächliche Gründung eines Heider Vereins kurz zuvor auf ein neues, etwas abseitiges Schlachtfeld begeben und wollte seine Kritik, wie im Vorjahr von Kollege Schetelig erbeten, eigentlich nur noch für das theologische Fachpublikum im „Kirchen- und Schulblatt" publizieren, von dem Pastor Volquarts in seiner „populistischen" Reaktion nun aber meint, dass es ohnehin dort schwerlich von Vielen gelesen werde.
Indirekt wirft er Koopmann also Flucht und Feigheit vor dem Volk vor. Unmittelbar nutzt er geschickt die Gelegenheit, den im Kern nur die Rolle der Pastoren betreffenden Streit im größeren Kontext der ganzen Mäßigkeitssache in einer öffentlichen Debatte zu halten.

Notgedrungen kehrt der angegriffene Koopmann in die Arena der breiter gelesenen und diskutierten „Dithmarsischen Zeitung" zurück.[119]
Unter der Überschrift „Abwehr" zahlt „der orthodoxe Prediger" mit gleicher Münze an „meinen Herrn Gegner" bzw. „er" zurück. Mehr als zwei Buchstaben ist dem „o.P." sein Rivale nun ebenfalls nicht mehr wert.
Bei Pauly dürften inzwischen wieder reichlich Münzen klingen, Dank der Fortsetzung des bereits im Vorjahr seine Auflage stärkenden öffentlichen Zweikampfes:

„Abgesehen von aller stylistischen Mißhandlung, die meine Worte sich gefallen lassen müssen, zerreißt er sofort meinen Einen Grund in zwei Gründe, ohne Ahnung davon, daß beides, was er anführt, eine wesentliche Einheit bildet…, gießt sodann über mein angebliches Erstes und Zweites sein Etwas aus, und meint dann sicherlich, etwas gesagt zu haben, während er doch nur ein Langes und Breites geredet hat."

Wo ist ein um Contenance bemühter (Friedrichstädter) Amtskollege Schetelig, wenn man ihn braucht? Die Außenwirkung für die Kirche insgesamt scheint zunehmend fatal. Längst haben die meisten Nicht-Theologen den Überblick über die zu Grunde liegende und endlos ausgewalzte und zur Unkenntlichkeit verkommene Sachdebatte verloren und fragen sich, welcher Vorbildfunktion die beiden Kampfhähne da eigentlich gerecht werden wollen.

Vermutlich ist es Verleger Pauly selbst, der mit anonymer, aber offensichtlich theologisch fundierter Unterstützung – Propst Schetelig? - im Folgemonat doch einen Ordnungsruf tätigt und den beiden Streithähnen abermals „die Leviten liest", um sie abschließend sogleich in die Wüste zu schicken.

Unter der Überschrift „Koopmann und Volquarts" wird – endlich, möchte man rufen – folgender Leitartikel in der Dithmarsischen Zeitung 46/1844 vom 16. November veröffentlicht:

„Wir beklagen für beide Männer sowohl als für ihre Gemeinden und die Mäßigkeitssache den Ton, worin sie streiten. Was die Sache selbst betrifft, wenn Volquarts auch das deutlich ausgesprochene Princip seines Gegners, wie dieser meint, dennoch nicht einmal ahnet, so dürfte man dagegen dem religiösen Sinn des Pastors Koopmann auch die Handhabe ungetrübter Begriffe wünschen.
Jeder wahre Christ stimmet ganz mit Koopmann darin überein, daß das äußere Werk an sich nichtig ist, aber jeder erleuchtete Christ wird ihn belehren, daß das Äußere das Innere vorbereitet, wie denn Gott selbst mit Israel diesen Weg gegangen; daß fast alle Staatseinrichtungen, an denen doch auch wahrhaftig gläubige Christen Theil nehmen, nur das Äußere befördern, und daß, wenn ein rechter Christ und vor allem ein Geistlicher nicht Mitglied der Mäßigkeitsgesellschaften werden muß, er ums Himmels Willen auch nicht Ständedeputierter oder Criminalrichter, daß er nicht einmal Staatsbürger, daß er auch nicht Prediger werden oder bleiben darf.
Es wäre zu wünschen, daß die Begriffsverwirrung, in der wir einen Theil unserer wahrhaft christlich gesinnten Prediger befangen sehen, aufhöre. Ihre Grundansicht ist richtig, aber was sie daraus folgern, folgt nicht daraus, und wenn es daraus folgte, so müßten sie auch consequenter Weise nicht bloß Mäßigkeitsgesellschaften, sondern Staat und Kirche meiden und in die Wüste ziehen. Wie wichtig in Beziehung auf sie selbst und andern ist doch auch für fromme Herzen die klare Erkenntnis. Die große und edle Sache der Mäßigkeit ist freilich schon

gewonnen, Europa hat sich dafür entschieden; aber ob Dithmarschen das allerletzte und in dieser Beziehung daher unedelste Glied des großen Ganzen sein solle, dafür und dagegen können allerdings Dithmarscher wirken."

Mindestens Koopmann kann's nicht lassen, und reagiert auch hierauf mit einer letzten „Zurechtweisung" an den „Anonymus", in der er sich mit dem Anwurf der „Handhabe ungetrübter Begriffe" auseinandersetzt.

Nachdem er hiermit den Fehdehandschuh ein letztes Mal ergreift, flieht er zwar fortan erneut die Kampfbahn der gut unterhaltenen Öffentlichkeit, bleibt aber kämpferisch und beschließt das Duell:

„Jedenfalls wird dies gegenwärtige Wort das letzte sein, was ich in diesem Blatte über die Sache der Enthaltsamkeitsvereine ausspreche. Wer mir weiter etwas will, den ersuche ich, sich in wissenschaftlichem Gewande auf dem Felde des Kirchen- und Schulblattes blicken zu lassen."[120]

Längst ist also Pastor Koopmann klar geworden, dass sich auch Paulys Dithmarsische Zeitung, wenn nicht auf Volquarts, so doch auf die Seite der Mäßigkeitsbewegung gestellt hat.

Sowieso scheint deutlich zu werden, dass Koopmann es in Heide nun mit einer breiteren, den Vereinsinhalten durchaus zugeneigten Stimmung zu tun hat. Seine sturen Reaktionen scheinen tatsächlich als aus einer empfundenen Defensive heraus vorgetragen.

Schmerzen muss es den bedrängten Diakon zudem, dass er sich sein Heim, die linke (kleinere) Hälfte des Pastorats, seit einiger Zeit mit einem neuen Untermieter teilen muss. Und dieser ist ausgerechnet der Bruder des mit der Gegenseite sympathisierenden Zeitungsmachers Pauly, der jüngere Branddirektor Pauly.

Es geht schließlich auch das - trotz Heider Vereinsgründung - bezüglich der Mäßigkeitssache ruhigere zweite Pressehalbjahr 1844 zu Ende, in dem zunehmend eine auch durch den vorhergehenden Pastorenstreit verstärkte und ausgehärtete Spaltung der Dithmarscher Gesellschaft von den Mäßigkeitsfreunden diagnostiziert wird.

Insbesondere die Heider sind aber auch verstärkt mit gänzlich anderen Themen beschäftigt, die mindestens so kontrovers wie die Mäßigkeitssache diskutiert werden. Trieb erst vor wenigen Jahren der Fall der alten Zollfreiheit und die damit im Zusammenhang stehende, allerdings inzwischen versandete Frage um, ob man neben den alten Persenweg, entlang des Hauptverkehrsweges nach Wöhrden und Büsum, nicht einen Kanal anlegen sollte, auf dem Kähne von der Nordsee bis in Heides bereits im 18. Jahrhundert so genannte Hafenstraße kostengünstig und zeitsparend auf dem Wasser getreidelt werden könnten, wird nun bereits intensiv über einen viel moderneren Weg zur Verbesserung der Heider Infrastruktur und Verkehrsanbindung – zum Wohle des Marktes - nachgedacht.

Nun geht es um die Frage, wo man einen Bahnhof für die bereits in Planung genommene Glückstadt-Heider Eisenbahn einrichten sollte: an der Süderweide (die spätere Neue Anlage) als Sackbahnhof, gleich auf dem Markt oder besser an anderer Stelle zu Westen oder Osten des Ortes.

Denn es könne ja sein, dass eines fernen Tages diese Bahn über die Eider nach Norden fortgesetzt würde, wenngleich man sich noch nicht vorstellen mag, welche logistischen und vor allem finanziellen Meisterleistungen vollbracht werden müssten, um auch die Niederungsgebiete im Norden der Landschaft zu überwinden.

Allerdings wird es schließlich noch mehrere Jahrzehnte (1877/78) dauern, bis die Trasse(n) von Neumünster und Meldorf nach Heide und damit der örtliche Bahnhof dann tatsächlich gebaut werden.

Mit einem als „eingesandt" bezeichneten und erneut anonym gehaltenen Leitartikel eröffnet Pauly's Dithmarsische Zeitung am 8. Februar ihre Ausgabe 6/1845 und holt das seit zwei Jahren virulente Thema der „Mäßigkeit" erneut aus der Schublade und als Wiederaufführung eines beliebten Klassikers zeitig auf die Zeitungsbühne auch des neuen Jahres 1845.

Hartnäckige Gegner und Verweigerer der Vereinsarbeit werden gleich auf zwei Ebenen angeprangert. Zunächst werden sie wie *„vom Heiland in einem bekannten Gleichnis als Unkraut"* abgewertet. Wo biblische Wortgewalt nicht ausreicht, legt man mit der höchsten irdischen Dichterinstanz eines Schiller gegen die ewig Nörgelnden nach: *„Es liebt die Welt, das Strahlende zu schwärzen, und das Erhab'ne in den Staub zu ziehn."*

Dann werden die einzelnen Zielgruppen systematisch nachgeschärft und abgearbeitet. Neben den bisher immer noch nicht erreichten notorischen Säufern werden auch die anderen, nicht minder gefährlichen Feinde der Vereinsarbeit gebrandmarkt, als da wären die üblichen Verdächtigen der Branntweinbrenner und Gastwirte, aber auch die Standesdünkelnden und die Opportunisten.

„Ferner besitzen nicht Freiheit genug, diese Angelegenheit richtig zu beurtheilen, alle diejenigen, welchen der Branntwein Unterhalt und Reichthum bringt. Man weiß wohl, welche zauberische Gewalt das Geld über das Herz ausübt. Es ist doch gar zu angenehm, täglich so schöne Branntweinsgroschen einzunehmen! Und wenn man auch fühlt, daß diejenigen, die ihr Geld täglich in die Schenke tragen, arme, beklagenswerthe Opfer ihrer Sünde sind, so liebt man sich selbst und seinen Vortheil doch viel mehr als sie ... Wenn die genannten Partheien die großen Heerhaufen der Gegner der Mäßigkeits-Vereine bilden, so muß noch zweier anderer gedacht werden, die gleichsam die Plänkler im Corps sind. Zu diesen gehören zunächst die Stolzen, denen es zu gemein ist, einem im Branntweinsschlamme Versunkenen durch ihren Beitritt die rettende Hand zu reichen... Ebenso strafbar sind diejenigen, die aus Rücksicht auf ihre Verbindung mit dieser oder jener Person, also aus Menschenfurcht, der Sache ihre Theilnahme versagen."

Sollten auch diese anonymen Anwürfe abermals von Volquarts in Auftrag gegeben und also gegen den Anti-Stimmung machenden Heider Diakon Koopmann und von ihm vermeintlich unterjochte Sinnesgenossen gerichtet sein, ist eigentlich nun erneut eine Reaktion desselben erwartbar, aber weit gefehlt.

Koopmann ist in diesen Tagen längst am Kofferpacken. Er kehrt Dithmarschen auf seinem steiler werdenden Karrierepfad den Rücken und übernimmt in diesem Frühjahr den besser dotierten Posten eines Hauptpredigers in Lauenburg.

Sein Nachfolger als Diakon in Heide wird für die nächsten vier „Mäßigkeitsjahre" der aus Koldenbüttel stammende Otto Nicolaus Henning Peters (1819-1905). Diakon Peters ist, trotz notwendiger Ermahnungen an den zunehmend bezüglich seiner Lehrverpflichtungen amtsmüden Mädchenlehrer Groth[121], in Sachen Mäßigkeit weit weniger streitbar und duellsüchtig als sein Amtsvorgänger Koopmann. Er tritt nicht mit einer erkennbaren Haltung zur Vereinsidee ins Rampenlicht der Presse.

Dennoch soll er hier in einer die Zeit würdigenden Dithmarscher Geschichte eine ausreichende Erwähnung finden, da er ein jüngerer Bruder des Advokaten Eduard Peter Matthias Peters (1812-1873) ist, dessen Witwe zu Ehren ihrer früh versterbenden Tochter Nanny 1899 der Stadt Meldorf das „Nanny-Peters-Stift" am Eingang der Norderstraße vermacht.

Auch der mit Groths zähem Heider Schulabgang belastete Diakon und Schulaufseher Peters verlässt nach wenigen Jahren (1849), noch vor Ende der Vereinsaktivitäten, die Pastorenkaderschmiede Heide, um anderenorts Karriere zu machen. Er wird Hauptpastor und später Propst in Flensburg. Als solcher muss er dann auch familiäre Grabreden für Bruder und wohl auch Nichte in Meldorf halten.

Paragrafierte Enthaltsamkeit

Unter der Lupe: das bislang einzig aufgefundene Dithmarscher
Vereinsbuch dieser Zeit.
Die Nordhastedter Verhältnisse mit Feiern und Exzessen, sowie die
satzungsmäßige Ausgestaltung der hierauf reagierenden Enthaltsamen.
Ausblick auf spätere Phasen der Dithmarscher Bewegung
und weitere Vereinsgründungen.

Nordhasteder Vereinsbuch von 1845 – Einband

Den von der eifernd mit sich selbst streitenden Kirche sich ebenfalls entfernenden,
verweltlichten Vereinsanfang machen in Süderdithmarschen zu Jahresbeginn 1845 die
offensichtlich keinem der drei zuvor in der Presse ausgemachten Feindbilder

113

zugeneigten **Nordhastedter**, die vermutlich durch die Aktivitäten des Vorjahres in Heide aber auch umfangreiche verwandtschaftliche Verbindungen ihres Kirchspielvogts Harders ins Kirchspiel Wöhrden endlich auf Spur gebracht sind.

Zwei seiner Tanten und ein Onkel haben hierhin geheiratet. Rolfs-Nichten zweiten Grades waren die bereits genannten verstorbenen Ehefrauen des dortigen Vereinsgründers Schoof.

Bei zahlreichen Familienzusammenkünften der letzten Monate dürfte die allerorts präsente „Enthaltsamkeitsdebatte" auch in Nordhastedt in drängender und polarisierender Weise zur Sprache gekommen sein.

Die Nordhastedter Vereinsgründung vom 25. Februar 1845 - nur wenige Tage nach dem die gesellschaftliche Spaltung fast klassenkämpferisch anprangernden Artikel - wird von Dr. Stubbe bei seiner geschichtlichen Aufarbeitung rund 50 Jahre später, die bezüglich der Dithmarscher Entwicklung wesentlich auf den Lundener Unterlagen basiert, allerdings vollständig übersehen.

Obwohl auch die absolute Größe des kleinsten der Süderdithmarscher Kirchspiele mit seinen zu dieser Zeit 814 Einwohnern[122] und die daraus resultierende Übersichtlichkeit des Vereins eine Rolle spielen können, dürfte es wohl in erster Linie an der mangelnden überregionalen Aufmerksamkeit liegen, die die Nordhastedter zuvor selbst auf ihr Vorgehen lenken.

Vielleicht bleibt man aufgrund der Verweigerung des örtlichen, in Darenwurth bei Marne geborenen Pastors Hans Petersen (1777-1851) auf Distanz zu dem längst in größeren Dimensionen denkenden und agierenden Pastor Volquarts in Lunden, dem in seinem Lobbyistendrang wohl jeder weitere Verein, mindestens statistisch, nur allzu genehm wäre.

Da sich aber das Nordhastedter Vereinsbuch als bislang unvergleichliches Zeugnis einer solchen Vereinsentwicklung erhalten hat, soll es, trotz der eingeschränkten absoluten Relevanz des Vereins, im folgenden Abschnitt ausführlich beleuchtet werden.

Das bei Meldorf wiederentdeckte Nordhastedter Vereinsbuch ist eine Schreibkladde mit ursprünglich wohl 88 Blanko-Blättern und festem Einband im Folio-Format von 22x33 cm. Es hat laut Bleistifteintrag auf der Innenseite des Einbandes seinerzeit 1 Taler und 12 Schilling gekostet. 7-9 wahrscheinlich unbeschriebene Blätter, vorwiegend im letzten Drittel des Buches, wurden teils grob herausgetrennt. Nur die ersten 7 der noch 79 existierenden Blätter sind überhaupt beschrieben.

Im hinteren Teil wurde eine Seite genutzt, um eine fortlaufende Mitgliederliste zu führen. Zwischen den Blättern des Vereinsbuchs fanden sich noch weitere fünf beidseitig beschriebene und gefaltete lose Blätter anderen Papiertyps mit nur in einem Fall weiterem Schriftverkehr in direkter Verbindung zur Sache, auf den ebenfalls noch eingegangen werden wird.

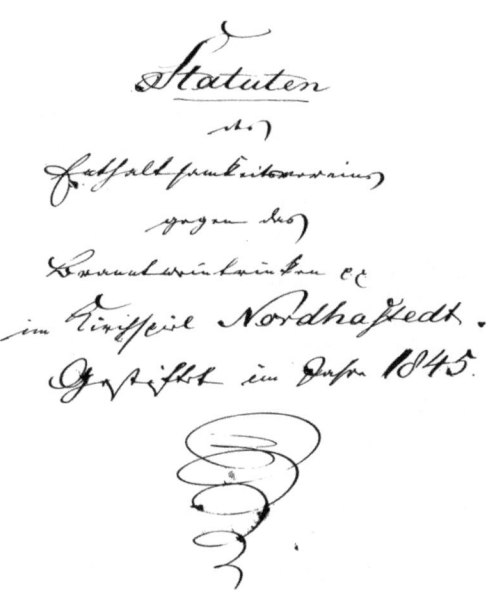

Deckblatt Statuten des Nordhastedter Enthaltsamkeitsvereins von 1845

Die anderen Blätter sind Notizen und Entwürfe für Schreiben des Vogts Harders in indirekt zusammenhängenden Armenwesen-Angelegenheiten, die noch kryptisch bleiben, weil ohne verwertbaren Kontext, und hier zunächst nicht weiter sinnvoll betrachtet werden können.

Die ersten fünf Seiten des Vereinsbuchs enthalten die Statuten des „Enthalt-samkeitsvereins gegen das Branntweintrinken e.c. im Kirchspiel Nordhastedt. Gestiftet im Jahr 1845." Sie sind in sauberer Handschrift ausgeführt, sehr wahrscheinlich durch den Nordhastedter Kirchspielvogt Johann Andreas Harders (1794-1852), der vermutlich in der gesamten Zeit des Vereinsbestehens das Buch verwahrt. Über die Erben der ältesten Schwester des kinderlos versterbenden Kirchspielvogts wird das Buch später in Meldorf landen.

In der Präambel der Gründungsstatuten vom 25. Februar 1845 heißt es:
*„Nachdem man von der allgemeinen Schädlichkeit des Branntweins, Rums und aller daraus bereiteten Getränke belehret und überzeugt worden, auch die verderblichen Folgen dieser Getränke an Leib und Seele, in Familie und öffentlichem Leben, berücksichtigt und sich vergegenwärtigt hat, **daß selbst die Mäßigkeit hierin zur Unmäßigkeit führt**, die*

allermeisten, welche unmäßige Trinker geworden sind, vorher mäßige Trinker waren, Betrunkenheit nichts anderes ist, als auf kurze Zeit wahnsinnig sein, daß **wer einen Menschen zum Branntwein- oder Rumtrinken auffordert, etwas Bedenkliches, wer aber einen Menschen erreizt, sich zu betrinken, immer etwas Böses thut**, so erklären hierdurch die vereinigten Einwohner des Kirchspiels Nordhastedt, daß sie durch ihre eigenständige Namensunterschrift einen Verein gegen das Branntwein- und Rumtrinken geschlossen, und nachfolgende Punkte dabei als Richtschnur annehmen und für sich verbindlich halten wollen."

Die beiden fett gedruckten Passagen sind wörtliche Zitate aus Claus Harms' Lesebuch „Gnonom" von 1843. Sie zeigen, dass seine Schriften, mindestens in Nordhastedt, großen Einfluss auf die Gründer haben, trotz der Distanz, die Harms in seiner Funktion als Pastor zur Bewegung hält. In diesem Zusammenhang ist ebenfalls interessant, wie die zweite der beiden Passagen bei Harms im Original weitergeht, an wen er Mahnung und Aufforderung adressiert: *„Merken sich alle Leute das, insonderheit alle Schenkwirte und Ehefrauen."* In Nordhastedt wird weder die eine, noch die andere Harms'sche Zielgruppe im Verein vertreten sein.

Nach dieser Präambel fährt das Vereinsbuch unmittelbar über drei Seiten mit neun in ebenfalls sehr sauberer Schrift ausgeführten Paragrafen fort, die man im Vorfeld wohl gemeinsam erarbeitet hat und die vom Schrift führenden Vogt Harders dann zur Gründungssitzung vorbereitet sind:

„*§1 – Der Enthaltsamkeitsverein im Kirchspiel Nordhastedt hat den Zweck, dem Genuß des Branntweins, des Rums und aller daraus bereiteten Getränke entgegen zu wirken, und dadurch Sittlichkeit und Wohlfahrt zu befördern, deshalb verpflichten sich – Andern zum Beispiel – die Vereinsmitglieder freiwillig dahin, von jetzt an keine Art des Branntweins, Rums, weder ungemischt, noch mit anderm Getränke verbunden, als Punsch, Grog e.c., außer wenn der Arzt solche als Arzneimittel empfiehlt, zu trinken.*"
Die Nordhastedter wollen also in einer Vorbildfunktion für andere Enthaltsamkeit üben, sind bezüglich der Mischgetränke tatsächlich konsequent und beziehen explizit den Punsch mit ein, können sich aber auch nicht gegen den Zeitgeist stellen. Die traditionelle Hintertür steht weit offen: Alkohol kann Medizin sein. Und natürlich sind weder Bier noch Wein als im gleichen Sinne verderblich eingestuft.
„*§2 – Der Verein will keine Mitglieder dulden, welche sich dem Genuße solcher Getränke hingeben, damit unter ihnen ein frohes, gesundes und gedeihliches Leben statt finden möge. Mit Rath und That und Belehrung wollen sie sich beistehen, durch Schrift und Umgang wollen sie vereint nach diesem Ziele streben, den Schwachen stärken, den Zaghaften ermuntern, die Wankenden lieblich unterstützen, so weit es in ihren Kräften steht, damit auf alle Weise dieser Verein eine Stütze ihres Schul- und Armenwesens werde.*"

116

Die Nordhastedter Vereinsgründer - wir werden noch sehen, aus welchen Kreisen sie kommen - verstehen sich als Belehrende, weisen mit dem erhobenen Zeigefinger den Weg. Auch die Zielgruppe wird umrissen. Hier sind vornehmlich die Trinker und Säufer aus ärmeren Verhältnissen ausgemacht.

Der Vereinsansatz, eine Stütze des Schul- und Armenwesens sein zu wollen, macht deutlich, wie nah man dem kirchlichen Auftrag kommt, in dessen Zuständigkeit Schul- und Armenwesen liegen. Die Vereinsabstinenz des Pastors von Anfang an und der schnelle Rückzug des bei der Konzeption sicherlich noch mitwirkenden Lehrers (s.u.) zeigen aber auch den Riss, der hier bereits bei Gründung durch die Kirchengemeinde geht. Die Vereinsgründer sehen sich möglicherweise als selbst gefährdet in einem allgemeinen Verständnis der „Mäßigkeitsidee", aber offensichtlich keinesfalls als persönlich Betroffene der Trinksucht.

„§3 - Monatlich, wenn sich neue Vereinsmitglieder gemeldet, sonst so oft es erforderlich scheint, wird eine Generalversammlung gehalten, in welcher Mittheilungen über den Fortgang des Vereins, und die ihm entgegenstehenden Hindernisse gemacht, Vorschläge und Maaßregeln zur Förderung der Vereinszwecke berathen und beschlossen, die treue Beobachtung der Statuten überwacht, Nachrichten über die Wirksamkeit des Mäßigkeitvereins überhaupt ertheilt, angemessene Aufsätze über Vereinsgegenstände vorgelesen, und die Wahlen der Geschäftsbeamten vorgenommen werden."

„§4 - Zur Leitung und Besorgung der Geschäfte wird ein Vorstand, bestehend aus 6 Mitgliedern, vom Verein auf ein Jahr gewählt, von deren _zwei_ die Versammlungen des Vereins berufen und leiten, die Aufrechthaltung der Statuten überwachen und die Beschlüsse des Vereins formieren; _zwei_ die nach geschehener Aufforderung dem Verein geschenkten freiwilligen Gaben empfangen, die Verwendung derselben besorgen und _zwei_ die Verbreitung zweckmäßiger Schriften des Enthaltsamkeitsvereins möglichst befördern."

„§5 - Ueber die freiwilligen Gaben und die Kosten der angekauften Mäßigkeitsschriften e.c. wird alljährlich, sowohl über Einnahme als Ausgabe , Rechnung abgelegt. - Der etwaige jährliche Ueberschuß dieser Kasse wird auf entsprechende Weise unter arme, würdige Vereinsmitglieder vertheilt oder auf andere Weise zweckmäßig verwandt."

„§6 - Jeder confirmierte Einwohner des Kirchspiels Nordhastedt kann Mitglied des Vereins werden, wenn er sich in einer Versammlung des Vereins zur Aufnahme anmeldet, diese Statuten genehmigt und zu deren Befolgung schriftlich sich verbindlich macht."

Bemerkenswert ist die Beitrittsmöglichkeit ab Konfirmation, die in Nordhastedt traditionell eher mit 15 denn 14 Jahren vollzogen wird und nicht erst mit Erreichen der Volljährigkeit, die in ganz Dithmarschen seit 1773, nachdem zuvor nach dem alten

Dithmarscher Landrecht die Volljährigkeit bereits mit dem 18. Lebensjahr erreicht war, auf den holsteinischen Standard des 21. Lebensjahres zurückgesetzt ist.[123]

Wie wir im Weiteren noch sehen werden, scheinen in Nordhastedt tatsächlich der Vereinsgründung konkrete Vorkommnisse, die auch im Zusammenhang mit „Jugendalkoholismus" stehen könnten, vorauszugehen.

Hinweise auf Beitrittsmöglichkeiten vor Volljährigkeit ergeben sich für die anderen Dithmarscher Vereine aus den vorliegenden eingeschränkten Quellen dagegen bislang nicht. Allerdings berichtet Dr. Stubbe in seinen Ausarbeitungen über eine von Pastor Volquarts in Lunden im Jahre 1847 gegründete „Hoffnungsschar", einen Kinderverein gegen das Branntweintrinken.

„§7 – Jedem Vereinsmitgliede ist es erlaubt, zu jeder Zeit aus dem Verein auszutreten. Dieser Austritt aus dem Verein aber muß von ihm, unter Zurückgabe der etwa in seinen Händen befindlichen, dem Verein gehörenden Schriften, in einer Versammlung der Mitglieder angezeigt werden."

„§8 – Jedes Mitglied, welches den vorstehenden Bestimmungen nicht in allen Punkten nachlebt, wird zuerst zur Besserung aufgefordert, bei Rückfällen aber von diesem Verein ausgeschlossen."

Tatsächlich wird es in der Folge zu einigen Ausschlüssen von Mitgliedern aus dem Verein kommen, weil *„sie dem Trunke stets ergeben geblieben"* oder *„wegen mehrmaliger Betrunkenheit"* und *„weil man keine Säufer im Verein dulden könne."* Die ausführliche Offenlegung der im Vereinsbuch hinterlegten Namen *„coram publico"* erspare ich möglichen Nachfahren an dieser Stelle.

„§9 – Halbjährlich werden diese Statuten in einer Versammlung verlesen, darüber berathen und beschlossen, ob und in welchen Punkten sie abgeändert und verbessert werden sollen."

„Gestiftet. Nordhastedt im Verein d. 25. Febr. 1845."

Nach diesen vorbereiteten Statuten - man mag erahnen, welche wochen- oder monatelangen Diskussionen unter den Eindrücken des lange in Heide schwelenden Pastorenstreits seit dem Vorjahr diesen vorausgegangen sein mögen - folgt unmittelbar das Protokoll der ersten Vereinsversammlung an einem Dienstag, zu der sich die Nordhastedter Gründungsväter zusammenfinden.

Sie beginnen mit einer Verpflichtungserklärung, aus der weitere interessante Details hervorgehen. Man bekommt gleich zu Beginn eine Ahnung, dass es für die Gründung des Vereins im Februar 1845 einen ganz konkreten und drängenden Anlass in der Gemeinde gibt.

„Spezieller Anfang zu den Statuten des Nordhastedter Enthaltsamkeitsvereins vom Jahre 1845 - Wir unterzeichnete Mitglieder des Nordhastedter Enthaltsamkeitsvereins verpflichten uns durch unsere Namensunterschriften dahin, daß wir an den zur Belästigung der Einwohner eingerissenen, gesetzwidrigen, unerlaubten Umschwärmen und Umzügen im Dorf nicht theil nehmen, und solchen Umschwärmern, wenn sie wider Erwarten und Wunsch unser Haus betreten sollten, keinerlei Getränk, als Branntwein, Rum p.p. reichen und spenden wollen, indem wir dergleichen lästige Besuche und Umzüge, mit denen die größten Ausschweifungen und Rohheiten verbunden sind, nicht bei uns dulden und uns gänzlich verbeten haben wollen."

Frunsbeer und Nordhastedter Nöth (auch Nussfest oder Nussfahrt) sind traditionelle dörfliche Feste, die noch zu Beginn des 20. Jahrhunderts als feuchtfröhlicher Umzug durch die Gemeinde mit diversen Einkehren gefeiert werden. Das an einen von den Frauen des Dorfes vereitelten Raubüberfall vorgehender Jahrhunderte erinnernde Nordhastedter Frunsbeer wird bekanntlich bis auf den heutigen Tag alle drei Jahre auch mit einem Umzug durch die Gemeinde veranstaltet.

Die „Nöth" allerdings, die traditionell an mehreren (!) August-Sonntagen, getrennt für Dorf, anreisende Marsch- und Geestnachbarn, an den Sieg der Dithmarscher über die einfallenden Holsten im Jahre 1404 erinnern sollte, hat nicht bis in unsere Tage überdauert. Es hat den Anschein, dass tatsächlich diese im Laufe der Zeit auch überregional ausgeartete „Festivität" in den 1845 unmittelbar vorgehenden Jahren zu besonders viel Ärgernis und Anstoß Anlass gegeben hat.

Zuletzt begangen zu Beginn des 20. Jahrhunderts als Zug von einer örtlichen Gaststätte in die nächste, von denen Nordhastedt stets 3-4 hatte, wurde der Nöth-Reigen für Heider Gäste im 19. Jahrhundert meist schon in der bereits vor 1800 belegten Gaststätte an der Schanze bei Süderholm begonnen. Süderholm gehört seit je her zur Nordhastedter Kirchengemeinde. Zudem bestanden häufig enge familiäre Verbindungen der Wirte an der Schanze nach Nordhastedt.

Insbesondere der §6 der obigen Statuten könnte darauf hindeuten, dass eine zunehmend perspektiv-, zügel- und regellos gewordene Jugend die Aktivitäten zuletzt vielköpfig unterwandert und das gesetztere Publikum mit überfallartigen Exzessen zu sehr schockiert und brüskiert hat. Der explizite Bezug zum Schul- und Armenwesen macht es darüber hinaus wahrscheinlich, dass tatsächlich selbst Schulkinder hierbei stark alkoholisiert auf- und ausfällig wurden.

Dass die Nordhastedter mit solchen Vorkommnissen und Jugendproblemen allerdings nicht gänzlich allein stehen – oder sind sie gar Auslöser des Folgenden? -, zeigt ein Erlass der Königlich Schleswig-Holsteinischen Regierung auf Schloss Gottorf, der bereits unter dem 21. November 1843 in den Herzogtümern veröffentlicht wird[124]:

„Es ist zur Kunde der Regierung gekommen, daß in mehreren Gegenden der Herzogthümer öffentliche Lustbarkeiten für die Schuljugend stattfinden, die sowohl nach ihrer Einrichtung als wegen ihrer öfteren Wiederholung die nachtheiligsten Folgen auf die Moralität der Jugend äußern. So sind in mehreren Landdistricten sogenannte Kindergilden üblich geworden in der Art, daß nach einem stattgefundenen Vogelschießen die Kinder durch das Dorf und manchmal auch dessen Umgebung ziehen, und alle Bewohner zur Theilnahme an ihrer Gilde einladen, worauf denn auch die erwachsenen jungen Leute dabei sich zahlreich einzufinden pflegen, daß dann regelmäßig die Nacht hindurch getanzt und geschwärmt wird, daß die Kinder von den anwesenden Erwachsenen die Kosten des Festes, und häufig mehr noch als diese, einsammeln, und daß eben dadurch, so wie durch den Gewinn, den diejenigen Eingesessenen, deren Wohnungen zur Abhaltung der Gilde jedesmal gewählt werden, davon ziehen, in einem und demselben Schuldistrict oft mehrere solcher Gilden jährlich abgehalten werden.

Um nun den hieraus für die Jugend entstehenden vielfachen verderblichen Folgen vorzubeugen, wird hiermit verfügt und sämmtlichen Polizeibehörden zur genauen Nachachtung eröffnet:

1) Es darf in jedem Schuldistricte jährlich nur Eine öffentliche Lustbarkeit für die Schuljugend oder sogenannte Kindergilde stattfinden und nur dann, wenn einer der Lehrer im Districte die Aufsichtsführung dabei übernehmen will.
2) Die Lustbarkeit darf nicht länger als bis 9 Uhr Abends dauern.
3) Nur unconfirmierte Kinder dürfen auf diesen Gilden am Tanz Theil nehmen.
4) Es dürfen auf denselben keine Beiträge zu den Kosten von den etwa anwesenden Zuschauern gesammelt werden.
5) Unconfirmierte Kinder dürfen bei Lustbarkeiten und Gelagen Erwachsener nur zugleich mit ihren Eltern oder Vormündern zugelassen werden.“

Den Nordhastedtern gehen diese Anordnungen erkennbar nicht weit genug. Gleichwohl scheinen die gewählten Statuten und Formulierungen zu belegen, dass man auch von diesen Vorgängen und deren zukünftiger Handhabung bei den eigenen freiwilligen Vereinsgrundsätzen inspiriert ist.
Die neun unterzeichnenden Nordhastedter Vereinsgründer stellen – nur der Pastor fehlt – fast die gesamte und ob der örtlichen Vorkommnisse genervte männliche Prominenz dar, die gesellschaftliche Elite und damit keinesfalls nur eine Randgruppe des Kirchspiels:

Johann Andreas Harders (1794-1852; Kirchspielvogt),
Caspar Lindemann (1781-1864; Wassermüller, Ziegeleibesitzer und vormaliger
      Bauerschaftsgevollmächtigter in Westerwohld),

Peter Boljen (1791-1859; Bauerschaftsgevollmächtigter in Osterwohld),
Hinrich Thedens (1795-1868; seit 1825 Landesgevollmächtigter im Kirchspiel),
Johann Matthias Kuhlmann (1791-1872; Lehrer und Küster),
Claus Franzen (1804-1879; Hausmann/Großbauer in Westerwohld),
Marx Hinrich Lienau (1789-1870; Amts- und dem Kirchspielvogt zugeordneter
      Polizeidiener, später auch Vorsitzender des Vereins),
Thede Schladetsch (1773-1855; Senior der Runde, ehemaliger Hausmann und bei
      Vereinsgründung Verlehntsmann/Altenteiler auf dem Hof des Sohnes
      Hans),
Timm Bodenstein (1822-1886; Unterlehrer aus Meezen, der eine Zeit lang im Haushalt
      des Lehrers Kuhlmann lebt, noch im Jahresverlauf 1845 aber als Lehrer nach
      Wesseln und 1852-1857 nach Wennemannswisch gewählt wird, ohne aber
      formal aus dem Nordhastedter Verein auszutreten, stirbt in Heide).[125]

24 weitere Mitglieder werden im Zeitablauf beitreten, diese überwiegend ebenfalls aus dem Kreise der Hausmänner, also Großbauern, wenige Kätner/Handwerker und noch weniger Tagelöhner.

Unterschriften der Nordhastedter Vereinsgründer

Lehrer Kuhlmann scheint im Übrigen bereits auf der Gründungsversammlung genug gesehen und gehört oder schließlich doch dem Druck des örtlichen Pastors Petersen zur Verweigerung nachgegeben zu haben. Schon am Tag nach der Gründung tritt er *„unter dem Vorgeben, nicht unter Curatel stehen zu wollen und aus andern nicht von ihm anzugebenden Gründen aus"*.
Ahnt man hier einen Koopmann'schen Zug in der Argumentation Kuhlmanns, sich durch einen Verein nicht rechtlich binden lassen oder in eine rechtliche Abhängigkeit begeben zu wollen? In einer vergleichbaren Situation stehen Frauen, die sich auch im 19. Jahrhundert noch in rechtlichen Angelegenheiten stets durch männliche Kuratoren vertreten zu lassen haben.

Dünkelt hier der Herr Lehrer, tritt er auf Druck des Pastors zur Seite, musste er auf vortägiger Gründungssitzung zu viel ärgerliche Schelte bezüglich des Lebenswandels seiner jungen Schützlinge ertragen oder ist es einfach nur mangelnde Erfahrung in (nicht nur) für ihn erstmaliger Berührung mit dem statutenhaften, rechtsgleichen und ungewohnten Konstrukt eines Vereins?

Weitere Austritte und Ausweisungen folgen im Zeitablauf.
Bemerkenswert ist auch der Umstand, dass die letzten drei Beitretenden aus Schafstedt bzw. Albersdorf stammen und deshalb stark zu vermuten ist, dass sich im dortigen Kirchspiel kein eigenständiger Verein mehr etablieren kann. Bei dem 1846 beitretenden Albersdorfer Hausmann Marten Hinrich Thiessen handelt es sich um den 1797 geborenen jüngeren Bruder des Schafstedter Landesgevollmächtigten Thies Thiessen (1795-1873).
Die Mutter Ann Christin (1774-1839) ist eine in Nordhastedt geborene Tochter des Brauers Marten Hinrich Wohld (1742-1776), der mit seiner Gastwirtschaft auf den Flächen der späteren „Alten Meierei" tätig war und hier noch selbst ein Nordhastedter Bräu fabrizierte.[126]

Hinzuweisen ist an dieser Stelle ebenfalls noch auf den Umstand, dass die Nordhastedter Vereinssitzungen laut Sitzungsprotokollen grundsätzlich sonntags gegen 6 Uhr abends - also gesetzeskonform - in der seit 1831 in Hohenhain an der Landstraße nach Albersdorf betriebenen Gastwirtschaft des Otto Soltau (1787-1854) stattfinden. Die Gebäude sind in ihrer wesentlichen Bausubstanz noch heute südlich gegenüber dem Parkplatz vorhanden.
Der aus Weddelbrook bei Kaltenkirchen vor 1825 in Dithmarschen zugewanderte Müllersohn Soltau, der von 1825-1831 zunächst die Nordhastedter Wassermühle bewirtschaftete, wird selbst kein Vereinsmitglied, scheint aber mindestens in Bezug auf Branntweinausschank so konziliant zu sein, dass die Vereinsmitglieder keine unüberwindbaren Interessenkonflikte aufbauen.

Dennoch werden die Sitzungen, auf denen regelmäßig die umlaufenden aktuellen Böttcher'schen und wohl häufig auch die aus Lunden bezogenen Volquart'schen Mäßigkeitsblätter verlesen werden, bereits innerhalb des ersten Jahres des Bestehens immer dürftiger besucht, müssen des öfteren mangels Beteiligung ganz ausfallen.
Bereits unter dem 11. April 1847 wird nach knapp zwei Jahren zäher Vereinsarbeit vermerkt, dass bis auf Weiteres wegen der fehlenden Teilnahmebereitschaft regelmäßige Einberufungen unterbleiben werden.
Schließlich wird der Nordhastedter Verein mit zu diesem Zeitpunkt noch 24 eingeschriebenen Mitgliedern mit dem nächsten Eintrag zehn Monate später, am 7. Februar 1848 geschlossen mit den Worten:

„Da der Sinn für die Enthaltsamkeitssache in der letzten Zeit zu erkalten schien, sich vielmehr in den früheren Versammlungen dieses Vereins eine große Theilnahmlosigkeit und Gleichgültigkeit gezeigt, selbige auch wenig oder gar nicht besucht worden, so wurden diese Versammlungen bis weiter ausgesetzt."

Wie in Meldorf wird sich auch in Nordhastedt einige Jahrzehnte später im Zuge der zweiten Mäßigkeitsbewegung eine ausdrücklich „ganz alkoholfreie" Schankwirtschaft im Wegdreieck westlich der Kirche unter der heutigen Adresse Hauptstr. 36 etablieren.

Der Schneidermeister und örtliche Feuerwehrhauptmann Jochim Wittorf, der zuvor bereits mit dem Verkauf von Heilkräutern auffällig wurde, erhält hierfür unter dem 10. Mai 1905 die obrigkeitliche Genehmigung.[127]Fortan werden hier wohl v.a. Kaffee und „Kräuter"-Tee serviert.

Im Juli 1907 wird z.B. in der Kanalzeitung auch in Brunsbüttelkoog für die Eröffnung einer alkoholfreien Wirtschaft Knippel inseriert.[128]

Eine frühe Dithmarscher Hochburg der zweiten, maßgeblich von den Guttemplern initiierten deutschlandweiten Mäßigkeitsbewegung dürfte auch St. Michaelisdonn sein. Hier werden mit kurzem zeitlichen Abstand gleich drei Logen gegründet - „Haltet fest" (1899), „Jugendlicht" (1902) und „Rein" (1903)[129] - und ebenso drei „alkoholfreie Wirtschaften" betrieben.

Mindestens eine dieser Gaststätten ist zeitweise auch mit dem „IOGT-Emblem" plakatiert, bevor man sich dann doch nach relativ kurzer Zeit vom Wirt in mindestens ökonomischer Zwietracht trennt.[130] Die zweite Mäßigkeitswelle wird also schließlich auch Süderdithmarschen überspülen.

Im Norderdithmarscher Hennstedt hat offensichtlich zu gleicher fortgeschrittener Zeit Timm Sohtmanns Café und alkoholfreie Wirtschaft „Zur fröhlichen Wiederkehr" mit seinen Genüssen ohne Reue v.a. die jüngere Kundschaft im Visier.

Man weiß den regen Zulauf in der Kaiserzeit in eine gewaltige werbewirksame Szenerie zu setzen. Dabei könnte ein nicht unwesentlicher Teil der abgebildeten Kinderschar durchaus seiner eigenen Großfamilie entspringen.

Neun Kinder erster Ehe, acht Stiefkinder aus der ersten Ehe seiner zweiten Frau und ein gemeinsames Kind ist die stolze Bilanz des Enthaltsamen.

Der späte Wirt Timm Hinrich Sohtmann ist ein 1852, also bereits nach der ersten Vereinswelle, in Kleve geborener Sohn eines Tagelöhners, der in den Gründerjahren des jungen Kaiserreichs mit diesem neuen Geschäftsmodell aufzusteigen gedenkt.

Die Entstehung einer abstinenten Hennstedter Wirtschaft gründet allerdings auf einer ebenfalls spannenden, weil konfliktreichen örtlichen Vorgeschichte, auf die im folgenden Abschnitt eingegangen werden soll.

Gruß aus Hennstedt

Café Alkoholfreie Wirtschaft „Zur Fröhlichen Wiederkehr" von Timm Sohtmann.

Alkoholfreie Wirtschaft Sohtmann in Hennstedt

Der Anfang vom Ende

> Die letzten Vereinsgründungen in Meldorf, Hennstedt und Tellingstedt
> sowie die Verbindungen der dortigen Protagonisten.
> Veränderungen, Ergänzungen, Verirrungen und Verwirrungen
> in der fortschreitenden Bewegung.
> Der Umgang mit dem Tabakrauchen und weiteren Zeitgeisterscheinungen.

Als eine der letzten bekannten Vereinsgründungen der ersten Welle in Dithmarschen ist allerdings chronologisch zuvor noch die am 25. Mai 1845 erfolgende Gründung eines **Meldorfer** Enthaltsamkeitsvereins einzuschieben, erst die zweite und wohl bereits auch letzte der Gemeinden in Süderdithmarschen, in denen die Mäßigkeitssache bereits zur Mitte des 19. Jahrhunderts überhaupt „organisiert" Fuß fassen kann.

Auch hier zeigt sich das bereits für Heide konstatierte Phänomen, dass auf Anregung von vorherigen Vereinsmitgliedern aus Heide und Wöhrden der neue Verein wesentlich von der Unterschicht getragen wird, sich also vornehmlich Betroffene selbst organisieren, ohne engere Bindung an oder gar Führung durch die örtliche Geistlichkeit.
Insbesondere Tagelöhner treten dem neuen Meldorfer Verein unter dem Vorsitz eines Christian oder Christoph Seeb bei, dessen Person sich allerdings bislang nicht weiter erhellen ließ. In den vorgehenden Volkszählungen von 1835-1845 ist er in Meldorf oder Umgebung bislang nicht zu identifizieren und möglicherweise von Stubbe oder dessen Quelle falsch transkribiert.

Wahrscheinlich scheint aber, dass auch der Meldorfer Verein, wie zuvor in Heide zu beobachten, durch in der Armenkommission engagierte Bürger der Ober- und Mittelschicht mindestens unterstützt wird.
Hier ist sowohl als junger Mann der spätere Meldorfer Vogteigevollmächtigte, Kirchenbaumeister und letzte Süderdithmarscher Landespfennigmeister Johann Maas Christian Albers (1823-1890) als auch wesentlich dessen Vater Carl Albers (1794-1847) zu nennen, der im Vereinsgründungsjahr 1845 als Gevollmächtigter der Kirchspielvogtei und im Vereinszusammenhang relevant als Meldorfer Armenvorsteher fungiert. Dessen Vorgesetzter ist übrigens der Meldorfer Kirchspielvogt Hansen, der einige Jahre später Boysen als Norderdithmarscher Landvogt nachfolgen wird.

Aus dem Nachlass des Pfennigmeisters Johann Albers, der mit einer Nichte des vorgehenden Nordhastedter Kirchspielvogts Harders verheiratet ist, stammt das erhaltene, offensichtlich über Jahrzehnte in der Familie wertgeschätzte und sorgsam bewahrte Nordhastedter Vereinsbuch.

In der nördlichen Landschaft entstehen im gleichen Jahr (ohne exakt überliefertes Datum bei Stubbe) der aus Heide und Lunden angeregte **Hennstedter** Verein unter Führung des in Saustrup bei Norderbrarup geborenen und nun 43-jährigen Diakons Asmus Hinrich Nissen (1802-1879, seit 1832 in Hennstedt als untergeordneter Diakon, 1863-1874 als Pastor) und schließlich auch - nach längerer Vorbereitungszeit – als letzter bisher ermittelter in Dithmarschen überhaupt, ein Verein in **Tellingstedt**.

Laut dem im Nordhastedter Vereinsbuch aufgefundenen Einladungsschreiben an den Kirchspielvogt Harders zur Teilnahme am Jahrestag des Hennstedter Mäßig-keitsvereins, kann geschlossen werden, dass dessen Gründung am oder um den Samstag des 1. März 1845 und damit nur wenige Tage nach der Nordhastedter und noch vor der Meldorfer Gründung erfolgt. Denkbar ist zudem, dass man sich auch konzeptionell bei der Vorbereitung dieser drei Vereine untereinander eng abstimmt.[131]

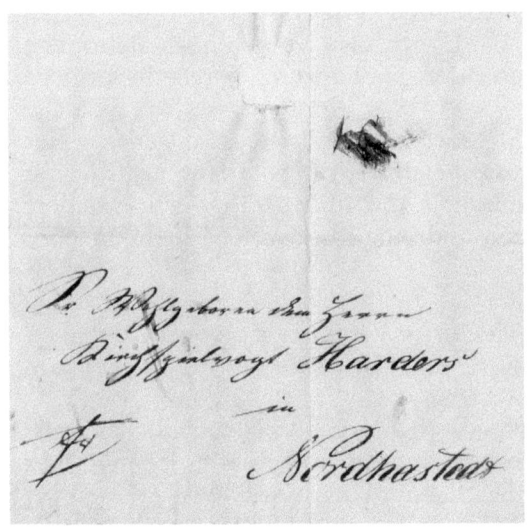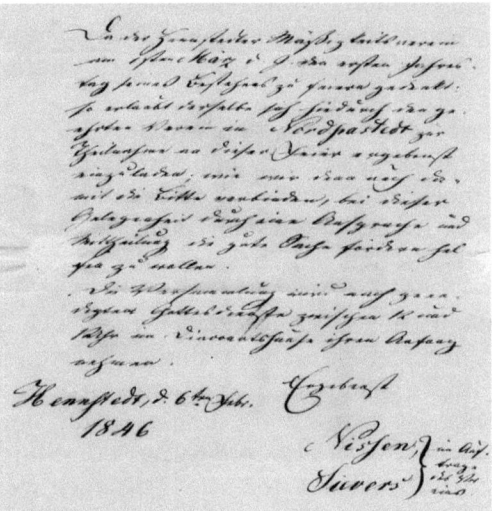

Brief des Hennstedter Vereins an den Kirchspielvogt Johann Andreas Harders

„Da der Hennstedter Mäßigkeitsverein am 1sten März d.J. den ersten Jahrestag seines Bestehens zu feiern gedenkt: so erlaubt derselbe sich hierdurch den geehrten Verein in Nordhastedt zur Theilnahme an dieser Feier ergebenst einzuladen, wie wir denn auch damit die Bitte verbinden, bei dieser Gelegenheit durch eine Ansprache und Mittheilung die gute Sache fördern helfen zu wollen.

Die Versammlung wird nach geendigtem Gottesdienste zwischen 12 und 1 Uhr im Diaconatshause ihren Anfang nehmen.

Hennstedt, d. 6ten Febr. 1846
Ergebenst   Nissen   Sievers   im Auftrage des Vereins."

Der mitunterzeichnende Hennstedter Diakon Asmus Nissen gehört im Übrigen ebenfalls zum Kreis derjenigen allzeit Engagierten, die sowohl vor als auch nach Vereinsgründung nur allzu gern in gesellschaftliche Reizthemen und politische Richtungskämpfe mit lauter und wortgewaltiger Kanzelstimme einsteigen.

Pastor Asmus Hinrich Nissen in Hennstedt mit Gattin Christina Maria geb. Hennings

Bereits 1837 tritt er beherzt dem königstreuen und in seinen Augen gegenüber dem Danisierungsprozess viel zu nachsichtigen Süderdithmarscher Landvogt Carl Georg Heinrich Lempfert (1793-1871) in einem Artikel in der Dithmarscher Zeitung entgegen. Er kann dabei seine Herkunft aus dem Schleswigschen und eine im Dithmarscher Raum auffallend starke persönliche Betroffenheit nicht verleugnen:

„Die Holsteiner, vor allem die Dithmarscher sind, soweit die Geschichte reicht, stets Deutsche, nie Dänen gewesen, und was haben wir denn für Ursache, uns einer anderen Nation anretten zu wollen? Gewiß keine… Die langen vergeblichen Versuche, uns zu Dänen zu machen, sollten doch endlich die Überzeugung allgemein werden lassen, daß daran nicht zu denken ist.“[132]

Des Weiteren ist der in Abgrenzung zur Koopmann-Fraktion der Vereinsidee zuge-wandte Hennstedter Diakon ein langjähriger Freund seines Lundener Kollegen Volquarts und über dessen Aktivitäten natürlich von Beginn an gut informiert. Bereits im Oktober 1839 wird er von Pastor Volquarts in Lunden beispielsweise als Kindspate bei einem Sohn zweiter Ehe eingesetzt.

Nissen, dessen Ehefrau Christina Maria (1814-1886) eine neben der Heider Armen-schule groß gewordene Lohgerber-Tochter Hennings aus der Heider Hafenstraße (hier heute die große Auffahrt zum Kaufhaus) ist, hat früh auch in Hennstedt mit den komplizierten Auswirkungen der Branntweinpest zu kämpfen und entwickelt eine geradezu sowohl dem fernen Harms als auch dem nahen Volquarts nacheifernde Schärfe gegen sein ausgemachtes, ganz persönliches lokales Feindbild.

Wat dem Volquarts sin Koopmann, is dem Nissen sin Heide, „von der Heyde", könnte man sagen. Nicht mit Engels Zungen, sondern scharfzüngiger und analytischer mit Friedrich Engels Problemsicht geht auch Nissen im Kampfe gegen die „geistigen Getränke" recht unduldsam zu Werke.

Als er, nur wenige Tage nach Gründung des örtlichen Mäßigkeitsvereins und wohl noch überfest im Griff des selbsterzeugten Schwunges, am 14. März 1845 am Grab des lokalen Magnaten und Branntweinbrenners Claus Hinrich von der Heyde steht, kann er nicht umhin, diesen tatkräftigen Mann, dem u.a. auch die Gründung des Landgutes Apeldör östlich Hennstedts zuzuschreiben ist, auch noch posthum als langjährigen Widersacher und geradezu ein Sinnbild des Bösen zu brandmarken.

„Bei so manchen lobenswerthen Eigenschaften kann ich nicht ohne Bedauern bemerken, daß es ihm an kirchlichem Sinn und Leben fehlte. Unser Urtheil wird aber gemildert, wenn wir denken an die Zeit und Verhältniße, unter denen er erzogen ward und herangewachsen ist, an den Umgang und die Verbindung mit den wohlhabenden Marschbewohnern, denen der Mammon ihr Gott war, und freigeisterisch dachten."

Freunde des Verstorbenen empfinden die kritischen Worte Nissens als Nachtreten und weit über die Grenze unangemessen. Sie schalten die Presse ein. Hierauf wiederum strengt der Kirchenmann bei Landvogt Boysen in Heide gar eine Verleumdungsklage an, die allerdings zurückgewiesen wird.[133]

Bereits vier Wochen am Leben, aber noch zu jung, um schon persönlich von der familiären Pastorenschelte genervt zu sein, ist im Übrigen auch der Enkel des Verstorbenen, Otto Heinrich von der Heyde (1845-1895), der viele Jahre später eine späte Tochter zweiter Ehe des bereits genannten und von Alkoholdünsten anscheinend bestens konservierten Heider Branntweinbrenners aus der Österstraße, des aus Gaushorn stammenden Cla(u)s Ralfs, heiraten wird.

Der Gelegenheitsorganist und zwischenzeitlich auch Heider Kirchspieldeputierte Ralfs wird fast 93 Jahre alt. Zwei alteingesessene Brennerdynastien kommen hier zusammen und einen ihrerseits die Front gegen die sich neu formierenden Mäßigkeitsfreunde.

Dass Pastor Nissen ähnlich grob auch gegenüber der zweiten Branntweinbrenner-familie in Hennstedt, der des Carsten Dethlefs, auftritt, ist dagegen nicht bekannt.

Dethlefs ist mit einer Enkelin Anna Margaretha des bereits erwähnten Heider Brauers und von 1805-1812 amtierenden Landesgevollmächtigten Johann (Diedrich) Bartels – damit wie die Pastorengattin aus dem engeren Umfeld der Heider Süderstraße stammend - verheiratet und damit wohl ebenfalls bestens vernetzt mit den Heider Kollegenkreisen. Vielleicht schützten gemeinsame Herkunft und mögliche Jugend-freundschaft der Frauen vor ähnlich harten Attacken des streitbaren Gottesmannes.

Im Hauptgewerbe ist Carsten Dethlefs als Nachfolger seines Vaters zudem als Gastwirt tätig und könnte nur im Zeitraum unmittelbar ab 1845 die durch den Tod des Brenners von der Heyde entstandene örtliche Versorgungslücke an Hoch-prozentigem für einige wenige Jahre zur Sicherung seines eigentlichen Gastbetriebs gefüllt haben.

Eine engere Verbindung des Hennstedter Vereins insbesondere nach Nordhastedt könnte sich darüber hinaus auch über weitere familiäre Beziehungen des um Teilnahme und Wortbeitrag gebetenen Nordhastedter Kirchspielvogts Harders ergeben.

Ein in Nordhastedt geborener Cousin Johann Harders (1752-1814) seines gleich-namigen Kirchspielvogt-Vaters Johann (1748-1826) war in erster Ehe als Landmann und Schwiegersohn nach Barkenholm auf den dortigen Junge-Hof gegangen. Dessen zweite Frau und Witwe Margaretha (1763-1850), eine geborene Kühl aus Sarzbüttel, ist im Vereinsgründungsjahr 1845 mit zweitem Ehemann Johann Wulf (1769-1855), einem gebürtigen Schmiedemeistersohn und vormaligen Müllergesellen aus Kotzenbüll im Nordfriesischen, in Kleve bei Hennstedt mit einer Gastwirtschaft tätig, deren Getränkekarte dieser Jahre allerdings leider nicht bekannt ist.

In diesen Wirtsjahren wächst der spätere „alkoholfreie" Wirt Sohtmann hier in Kleve auf, verzieht später aber mit seinen Eltern noch nach Westermoor, bevor er in Hennstedt eine alkoholfreie Karriere macht.

Zu einem vergleichsweise späten Zeitpunkt erfolgt die Gründung des letzten Dithmarscher Vereins, des **Tellingstedter** „Vereins gegen den Schminkgeist" unter Führung des aus dem nordfriesischen Humptrup stammenden 47-jährigen Diakons Marcus Petersen (1798-1859), den man zum engeren Freundes- und Vertrautenkreis Klaus Groths zählen muss.

Bei ihm in Tellingstedt holt sich der zum Familienbesuch auf die Geest wandernde Groth häufig genug Rat und Lektüre. Pastor Petersen ist es auch, der ihm bei einer dieser Einkehren in Tellingstedt von einem seiner Mäßigkeitsfreunde, einem Schuhmacher aus Heide, erzählt, der als Abgesandter im Kieler Mäßigkeitsverein einen so schönen plattdeutschen Vortrag gehalten habe, dass er sich wünschte, es in dieser Sprache auch auf Papier vor sich zu haben.[134]

Laut Groths eigener Lebenserinnerungen nicht nur eine schöne Anekdote mit passendem Sachbezug zum Thema „Mäßigkeit", sondern sogar reinste Urquelle und Inspiration für sein künftiges Schaffen.

Die Satzung dieses letzten Dithmarscher, von Groth-Inspirator und Pastor Petersen angeleiteten Mäßigkeitsvereins, ist nach Stubbe wiederum stark von dem ebenfalls schon seit 1843 mehrheitlich von abstinenten Seefahrern getragenen Helgoländer Verein inspiriert.

Längst ist aber ein die gesamte Bewegung lähmender Richtungsstreit in den einzelnen Vereinen zu beobachten, der es immer schwerer macht, koordiniertes und gleich-gerichtetes Wirken der Ortsvereine zu gewährleisten. Die Außenwirkung der Bewegung wird immer verworrener, weil in der öffentlichen Diskussion die grund-sätzliche Beschäftigung mit der Problematik einer allgegenwärtigen Branntweinpest längst überlagert wird von theoretischen Diskussionen, die die Besorgten selten und die Betroffenen häufig gar nicht mehr erreichen.

So hat sich bei Gründung des Tellingstedter Vereins die Entwicklung von der ursprünglich dominierenden Enthaltsamkeit bereits nachhaltig auf eine relativierende Mäßigkeit vollzogen.

Die Tellingstedter Statuten unterscheiden in einer Verschlingung von medizinischen mit theologischen Systemwelten nun zwischen „Weingeist" und „Schminkgeist". Während man den schminkgeisthaltigen und damit giftigen Getränken (Anm.: meint gebrannten hochprozentigen Alkohol) noch vollständig abschwört, sei der maßvolle „Gebrauch und Genuß" zur „Stärkung und Lust" von gegorenem und damit noch Nahrungsstoffe beinhaltendem Bier oder Wein durchaus erlaubt. Die gleiche Differenzierung lässt sich auch bereits indirekt aus den Statuten des Nordhastedter Vereins ableiten.

In anderen Vereinen (u.a. 1846 in Büsum) tobt der Richtungsstreit, ob Punsch überhaupt auch zu den „Branntweinen" zu zählen sei.

Der von den Tellingstedtern nun ins rechte Licht gerückte Begriff „Schminkgeist", der auf den arabischen Wortstamm des Alkohols zurückzuführen ist, wurde bereits früh vom Lundener Pastor Volquarts, mit Bezug auf Böttchers Grundlagen[135], in Rede und Schrift in die regionale Diskussion eingeführt. In seinem zweiten größeren Werk von 1843 schreibt er über den Sprit[136]:

„Er nannte ihn Alkohol, das ist: Schminke. So deutet sein Name schon Lug und Trug, sowie sein Wesen ist Heuchelei."

Die Diskussionen zeigen, dass bereits zu diesem Zeitpunkt der Anfang vom Ende der Bewegung eigentlich längst eingesetzt hat. Vermutlich ist nicht nur in Nordhastedt ein reger Mitgliederschwund oder mindestens verbreitetes Desinteresse und Fernbleiben der Sitzungen spürbar, die zudem längst nicht mehr in allen Vereinen konsequent monatlich, sondern zum Teil auch nur noch gelegentlich tagen.

Auch Volquarts scheint verbreitet Erlahmen und Langeweile in diversen Vereinen zu spüren, wenn er zum Jahresausklang 1845 in der Dithmarsischen Zeitung den Aufruf an die Vereine tätigt, sich gegenseitig zu besuchen, um nicht *„...in Gefahr zu kommen, aus Mangel an Stoff das Alte zu wiederholen; dennoch ist es für die Vereine sehr angenehm, einmal auch einen Andern über die Sache reden zu hören. Er weiß die Sache von einer andern Seite und eindringlicher dazustellen; er ruft neue Ideen und bringt frisches Leben hervor."[137]*

Immer diffuser werden Problemanalyse und Lösungsansätze. Während die Tellingstedter Fraktion mit ihrem ausschließlich den harten Schnaps verweigernden Vorgehen dem durchaus strategisch erfolgreichen und bis heute wirkenden Ansatz des katholischen Kaplans Seling im Süden Deutschlands folgt, der von Anfang an zur Bekämpfung der Branntweinpest auf eine bewusste Unterstützung des Bierkonsums setzt – tatsächlich wird die Mäßigkeitsbewegung im katholischen Süden viele Jahre länger wirken können als im protestantischen Norden – werden zunehmend auch andere Gefahrenherde ausgemacht und bürgerlicher Ordnungssinn auf neue Handlungsfelder gewiesen.

Volquarts in Lunden selbst bringt auch früh den Nikotinkonsum in die Diskussion ein, kann sich allerdings nicht damit durchsetzen, diesen in die Vereinsideen zu integrieren.

Seit dem 16. Jahrhundert hat das „amerikanische Kraut gegen Traurigkeit" Hildegard von Bingens mittelalterlich-heimische Kräuterarmee verstärkt und ist auch in Europa längst die beliebteste Alternative oder Ergänzung zum Seelentröster Alkohol.
Bereits im Oktober 1844 schreibt Volquarts:

„Da ist auch das Rauchen eines giftigen Krautes, des Tabaks. Das Rauchen des Tabaks kommt dem Trinken der Alcoholiten nahe; es bewirkt einen Rausch; es beschleunigt den Blutumlauf, vermehrt die Körperwärme und giebt ein Gefühl der erhöhten Geisteskraft. Giebt es nicht Manche, welche ohne Rauchen gar nicht denken, schreiben, arbeiten können."[138]

Antagonist Koopmann kann es nicht lassen, auch zu diesen Gedanken stante pede und bitterböse Gegensätzlich-nebulöses zu erwidern:

„Schließlich bitte ich meinen Herrn Gegner, es wohl zu beherzigen, daß man auch ohne Tabacks-Pfeife nicht geringen Qualm zu Stande bringen kann, der seines Urhebers Gehirn immer mehr umdüstert."[139]

Hier spricht in bissigem Tone wohl der Raucher zum Nichtraucher.

Weitblickende Ärzte machen in den Mäßigkeitsblättern zudem am Horizont bereits weitere drohende Gefahren aus. Sie argwöhnen, dass wenn erst einmal die Trunksucht in deutschen Landen überwunden sei, es wohl auch hierzulande, wie in England längst zu erleben, zu einem Anwachsen der Opium-Sucht kommen werde. Auch hier müsse man sich durch Volksaufklärung und andere Maßnahmen wappnen.

In Hamburg werden bereits 1841 allerdings neben dem Branntwein-Trinken vornehmlich Hunde als die zweite große und zwingend einzudämmende Gefahr für die Wohlfahrt der deutschen Nation ausgemacht. Neben der Gründung von Mäßigkeitsvereinen sei *„zum Heile, zum Glücke und zur Ruhe des deutschen Volkes nichts nothwendiger"* als die Einführung einer Hundesteuer.

Diese Errungenschaft im an vielen Fronten entbrennenden Kampf gegen alles gesellschaftliche Böse ist allerdings im Herzogtum Holstein mit einer Verordnung von 1807 längst eingeführt[140].

Als dritte patriotische Pflicht der Hanseaten folgt der ebenfalls stark protektionistische Vorschlag einer *„Commissteuer, vorzugsweise auf fremde Commis* (Anm. Kontoristen oder Handlungsgehilfen), *damit die Zahl der Fremden verringert werde"*.[141]

Ohnehin scheint es dem Hamburger Verein vergönnt zu sein, sich vor Ort über die Jahre mit einer bitter-sarkastischen und zuweilen ebenso wort- wie faustgewaltigen Opposition auseinandersetzen zu dürfen. Bereits eine der ersten Vereinssitzungen war im Januar 1841 von einem angestachelten Pöbel unterwandert und die in einer Schule vorbereitete Vereinslokalität in einer Saalschlacht vollständig zertrümmert worden. Dem Vereinsvorstand blieb nur die Flucht.[142]

In der Folge werden die vermutlich von einer vielköpfigen Lobby der Wirte und Brenner initiierten Angriffe auf den Hamburger Verein wieder subtiler. Im Dezember 1844 rückt die „Börsenhalle" die bereits im Vorjahr als „Biedermänner" bespöttelten Delegierten der Mäßigkeitsvereine in die einst unter dem freimauernden Statthalter Landgraf Carl von Hessen (1744-1836) auf Schloß Gottorf auch in Schleswig und Holstein sehr salonfähig gemachte obskur-spiritistische Ecke:

„Die spirituosen Mäßigkeitsvereine sind darin auch immer spirituelle Enthaltsamkeitsvereine gewesen, daß sie, da sie überall Alkohol sehen, auch den Geist unter die alkoholischen Substanzen gerechnet haben. Die Alkoholseherei unserer Zeit ist dasselbe geworden, was im 18. Jahrhundert und zu Anfang des gegenwärtigen die Geisterseherei gewesen, wie damals die Geister und Gespenster in die Politik hineinpfuschten, so heutzutage der Alkohol."[143]

132

Auch in Klaus Groth bringen diese Metaphern und historischen Einordnungen etwas zum Klingen. Wie subtil, aber nachhaltig dann doch auch die Dünste der Mäßigkeitsidee ihn selbst in diesen Jahren fast zwangsläufig umschwärmen und beeinflussen müssen, bringt er in einem allgemeineren Sinne zu Papier:

„Jeder Mensch ist wie das Kind so das Produkt seiner Zeit. Keiner kann sich von ihren Einflüssen frei machen. Die Gedanken, Ideen, Anschauungen, welche unsere Zeit bewegen, atmen wir wie in der Luft in uns ein. Sie sind in uns; wir finden sie und wissen nicht, woher sie kamen. Der Zeitgeist ist noch der einzige Geist, der jedermann erscheint, nun, nachdem alle Geistererscheinungen aufgehört haben.“[144]

Vorhang auf für einen Mahner

Porträt einer schillernden Kuriosität und
deren bizarre Auftritte in Dithmarschen.
Die besondere Bedeutung des Kaffees im 19. Jahrhundert.

Dass es im Zeitablauf auch noch zu ganz anderen Neubewertungen und (Zeit-) Geister-Erscheinungen kommt, zeigt eine weitere in zahlreichen Vereinen vorgeschlagene Methodenumstellung.
Wurde der bereits Ende des 18. Jahrhunderts auch in Norddeutschland sehr populär gewordene Kaffee nach den durch die Kontinentalsperre zwangsverordneten Enthaltsamkeitsjahren in den 1820ern und 1830ern so vehement wiederentdeckt, dass hieraus schon eine verwerfliche Dekadenz immer weiterer Kreise abgeleitet und zum Schutz der Gesellschaft in Kopenhagen vor dem „unnationalen Luxus" sogar ein Verbot der immer weiter um sich greifenden Kaffeekeller und Konditoreien ernsthaft erwogen wurde, wird dieser nun, wie das Bier, als probate Ablenkungsdroge ins Gespräch gebracht.
Die von ihrem napoleonisch aufgezwungenen „Zichorien-Ersatzgebräu" genervten Dithmarscher trinken den Kaffee, ab den 1820ern erneut erschwinglich geworden, da wieder in ausreichender Menge ins Land fließend, bevorzugt stark. Im Unterschied zum Tee, der wohl eher schwach dosiert genossen wird.[145]
Besonders geliebt wird in Dithmarschen der „Java Caffé", den man über die Niederländisch-Ostindische Handelsgesellschaft aus Batavia (dem heutigen Djakarta in Indonesien) bezieht, die regelmäßig die Einzelhändler zu Auktionen in der Region (z.B. in Tönning frisch vom Schiff) einlädt.[146]

Konsumierten die Bewohner der beiden Herzogtümer Schleswig und Holstein bereits zur Mitte der 1830er Jahre mit einem durchschnittlichen jährlichen Pro-Kopf-Verbrauch von 3,1 Pfund bereits ein Drittel mehr von dieser Luxus-Kolonialware als beispielsweise im Gebiet des preußischen Zollvereins, so steigert sich dieser Verbrauch in der Mäßigkeitsphase der 1840er Jahre nochmals erheblich.
Im Zuge einer spürbaren wirtschaftlichen Erholung ist im Jahr 1846 der jährliche Durchschnittsverbrauch von Kaffee in den Herzogtümern bereits mit 7,3 Pfund mehr als verdoppelt, während er im Zollverein-Gebiet bei etwa 2,9 Pfund nahezu stagniert.[147]

Die Begeisterung gerade der Holsteiner für ihren Kaffee ist den deutschen Zeitgenossen legendär. Geschaffen vom Sohn eines Flensburger Zuckerfabrikanten, Pastor und Autor der tatsächlich dänischen Urversion des später in Preussen und früher in Großbritannien reüssierenden „Heil dir im Siegerkranz", Heinrich Harries (1762-1802), entsteht in den Herzogtümern sogar eine Kaffee-Hymne, posthum nach des Dichters Dahinscheiden in einem Gedichtband 1804 in Altona erschienen:

> „Nicht länger soll die Harfe dir verstummen,
> kraftbrauner Himmelstrank!
> Und wehen soll gleich eines Gottes Odem
> dein Geist durch meinen Sang.
> Dein Zauber löset alle Zungenbänder
> gar hold und schmeichlerisch,
> und nirgends thront die Göttin Sunda lieber
> als überm Kaffeetisch."

Die symbiotisch-pragmatische Antwort der Westküste auf diese Ideen: die Erfindung des doppelten Genuss versprechenden, allerdings der Legende nach von der auf Enthaltsamkeit eingeschworenen Pastorenschaft nur allzu bald entlarvten „Pharisäers".

Doch selbst der reine Kaffee hat in diesen Tagen, wie alle im Übermaß gewogenen Genüsse, seine wortgewaltigen und charismatischen Gegner.
In Heide erhebt in einem in Paulys Dithmarsischer Zeitung abgedruckten Artikel der Ausgabe 38/1844 der landesweit vielbesuchte und nun auch in Dithmarschen gastierende „Gesundheitsapostel" und Naturheilkundler Ernst Mahner - nomen est omen - seine ernst mahnende Stimme. Er propagiert als ein lebendig gewordener Zeitgeist mit zehn Thesen als Allheilmittel gegen alles gesellschaftliche Übel der Moderne eine Rückbesinnung auf eine „instinctliche Urhygiene".[148]
Die breit gestreute grafische Aufbereitung seiner Gebote in Form zweier oben abgerundeter Steintafeln macht deutlich, dass Mahner hier bewusst bei der Begründung seiner Naturphilosophie, und dieses zum wachsenden Ärger der Geistlichkeit, munter auf christliches Fundament, Sprache und Symbolik zurückgreift.

In seinem Gebotskanon untersagt er neben allem gebrannten Wasser, in gesunden wie in kranken Tagen, auch alles heiße oder warme Wasser in allen üblichen Mischungen wie Tee oder Kaffee. Infolgedessen geraten selbst Suppen prompt auf seine Verbotsliste. Gestattet sei dagegen Fruchtsaft und auch Wein (!). Vor allem aber greife man zum Quellwasser.
Entsagen solle man klug allem Scharfen, Salzigen, Bitteren, Sauren oder Herben. Geraten wird dagegen zu Obst.

Bart und Haar sollten ungeschoren bleiben und der Sonneninstinkt des Körpers wiederbelebt werden. Dem Gesetz des täglichen – natürlich nackten - Kaltbades wird dabei gleichrangig die Abschaffung der meisten Kleidung - v.a. die Schnürbrüste der Frauen und aller Federbetten - an die Seite gestellt.

Mahners besondere Aufmerksamkeit aber gilt dem Tabak. Ergänzend zur alttestamentarischen Gebotstafel-Symbolik würzt er hierzu auch neutestamentarisch mit einem allerdings arg strapazierten Lukas nach:

Ernst Mahner

„Wirf mit hochsinnigem Abscheu von Dir das scharfgiftige Dampf- und Nieskraut. Es macht schwarz und mürbe deine Zähne, unrein deinen Speichel, trocken deinen Leib, stumpf deine Nerven, scharf dein Blut, schmutzig deine Nase, stinkend deinen Hauch und umnebelt dir's Hirn. - O heilige Natur, vergib Ihnen! Denn Sie wissen nicht, was sie tun."

Mahner spielt hierbei auf den Umstand an, dass sich seit der zweiten Hälfte des 18. Jahrhunderts insbesondere das Tabakschnupfen einer immer weiter ausbreitenden Beliebtheit erfreut. In Norddeutschland kann es aber nie der Pfeife und später der früh ihren Siegeszug bei der Oberschicht antretenden Zigarre das Wasser reichen.

Die Mäßigkeitsfreunde – zumal die protestantische Pastorenschaft - tun sich in der Folge schwer, ein Bündnis mit diesem nur in geringen Teilen deckungsgleichen extremen Gedankengut Mahners einzugehen. Zu ernst ist das Problem des immer weitere Kreise ziehenden Alkoholismus in den einzelnen Kommunen und von bitterer Armut betroffenen Familien und zu burlesk geraten die Auftritte dieses tingelnden „Entertainers".

Man kann sich früh zudem des Eindrucks einer gewissen Scharlatanerie (wie Pauly kommentiert) bei dem in den kommenden Jahren zu einer durchaus schillernden Berühmtheit in deutschen Landen gelangenden Unikum nicht ganz erwehren.

Eigentlich heißt der ernste Mahner auch Carl Friedrich Wilhelm Schlemmer - fast zu schön, um wahr zu sein. Er soll aus Halle an der Saale stammen, auch einige Jahre in Amerika unter Wilden gelebt haben und … und … und. Die Figur bleibt den Zeitgenossen rätselhaft und suspekt.

Der mit einem dramatischen Rauschebart „und anderen Eigenthümlichkeiten der äußeren Erscheinung" ausgestattete Ernst Mahner, ein „mit riesenmäßigem Körperbau und weit herabwallendem gelbem Haar" beschenkter Urgermane, bereist mit seiner „somatischen Glückseligkeitslehre" als wahrhaftiger Prophet einer neuen Naturheilkunde nicht nur seit Frühjahr 1843 Sachsen und 1844 längere Zeit Holstein und das weitere Norddeutschland, sondern weitet seinen Wirkungskreis über Flensburg gar bis ins schwedische Stockholm.[149]

Weitere drei Jahre später tritt er schließlich auch zwecks Eroberung des deutschen Südens als „Professor" auf seinen Missionsreisen in München auf. Der „Bayerische Volksfreund" vom 15. Juli 1847 weiß zu berichten, dass „nachdem der „graue Pilger" zwei Stunden lang seinem Publikum Wasser gepredigt, dieses zum Bier gegangen… O Tempora, o mores!"

Mahners gegen mäßiges Eintrittsgeld gewährte öffentliche und von Kritikern als durchaus witzig und rhetorisch begabt attributierte Auftritte dürften auch zuvor in Holstein und auch Dithmarschen ähnlich verlaufen sein.

Gekleidet in einen auffällig hellfarbigen Paletot und in der Hand ein „goldenes Buch", ist seine Bühnenpräsenz spektakulär und spricht den Unterhaltungsbedarf der Massen an.[150] Finden die Darbietungen im Freien statt, wie beispielsweise im Flensburger Volkspark, werden auch schon einmal in einer symbolischen Verbrennung Pfeife, Cigaretten-Etuis oder Krawatten als „philisterlöser Kram" dem Feuer überantwortet.[151] [152]

Es gehört zum üblichen Vorgehen Mahners, dass er im Vorfeld seiner Auftritte werbewirksame Ankündigungen in der jeweiligen lokalen Presse lanciert. Der genannte Artikel 1844 in der „Dithmarsischen Zeitung" kündet – nur wenige Wochen nach Gründung auch eines Heider Mäßigkeitsvereins - von einer oder mehrerer dieser skurrilen, einem „komisch-feierlichen Act" gleichenden Darbietungen in Heide und Umgebung – möglicherweise wieder auf Wildes Bühne am Markt oder gar als „Open-Air-Event" auf demselben.

Die Redaktion (wohl Pauly) schreibt:

„Heide, den 17. September (1844) – Gegenwärtig verkündet der bekannte Gesundheitsapostel Ernst Mahner hier die Urhygiene in öffentlichen Vorträgen, die gerne gehört werden, da er mit einem angenehmen Organ ein nicht gewöhnliches Rednertalent verbindet und von der Wichtigkeit und Wohlthätigkeit seiner Mission durchdrungen zu seyn scheint, wenn man freilich ihn auch von Charlatanerie nicht freisprechen kann. Wir rechnen hierher z.B. das Du, mit dem er Jeden anredet ..."[153]

Beim Kölner Karneval vom 6. März 1848 werden gleich auf mehreren Motivwagen humoristische Darstellungen Mahners gezeigt, sehr zum Vergnügen des echten Mahner, der als Zuschauer der Umzüge seine auf einen Höhepunkt gelangte Popularität genießt, wie die Bayreuther Zeitung vom 15. März des Jahres schreibt.

1849 weiß das Augsburger Anzeigeblatt dann allerdings zu berichten, dass Mahner bei einem Auftritt in Trier irrtümlich für den längst über die Schweiz nach Amerika geflüchteten radikal-demokratischen badischen 1848er-Revolutionsführer Friedrich Hecker gehalten und verhaftet wird.

Keine neue Erfahrung für Mahner. 1844 war er bereits in Hamburg inhaftiert worden, da er zur Selbstverteidigung – in Kiel wollte die Straßenjugend ihm zuvor gewaltsam den herausfordernden Wildbart beschneiden – geschliffenen Dolch und Pistole bei sich trug[154].

1867 und auch 1874 schwimmt der sich nun „Urgesundheitsmeister" nennende Mahner noch nach umfänglicher Ankündigung bei bestem körperlichen Befinden durch den winterlichen und mit Eis bedeckten Rhein oder besteigt in abermals polizeilich verfolgter, lang bemähnter aber ansonsten völliger Nacktheit zur Stärkung seines Körpers und begleitet von wenigen unverdrossenen Jüngern den Königsstuhl.[155]

Tatsächlich wird der Fleisch gern roh oder gebraten, nie aber gesotten verzehrende und stets bei offenem Fenster schlafende selbsternannte Prophet vor dem Ende seiner Tage weitere Zeiten im Zuchthaus erleben - offenes Fenster vielleicht, dann aber vergittert, genehmes asketisches Wasser und Brot (lieber Äpfel) garantiert.

Mahner nutzt solche temporären Auszeiten gern auch für später von den Aufsehern werbewirksam bestätigte Fastenkuren. Er gerät z.B. 1854 wegen des Diebstahls von 220 Goldtalern, die er erfolglos in einer Schweinsblase in seinem After versteckt haben soll, mehrere Monate in Trierer Haft.

Morgen Montag, Abends 8 Uhr, in der Pfalz auf dem Graben:

Urgesundheitsfest

mit Hochgesang und Lautenklang — auch Becherklang!

Das sind drei Abschiedsvorträge Ernst Mahner's über die Neugeburt des Menschen zum urgesunden, erfreuenreichen Leben mit der großen Kunst der Urmenschen, alsdann lang, lebenslang nicht mehr zu erkranken! Alles, was Leben hat, komme zu diesem **meinem letzten Lehramt!!** Eintrittskarten in der Musikalienhandlung des Hrn. Henkel am Schillerplatz und am Eingange des Saales zu 18 kr. — NB. Die grünen Abonnementskarten gelten noch für die Montagsvorlesung und für den Empfang des großen Festtableau's.
☞ Im Zwiegespräch redet man den Pilger in würdiger Weise mit: „Freund Mahner" und „Du" an. Urgesundheit und Heil!

Späte Zeitungsannonce Mahners

156

Anschließend schifft er sich zunächst für einige Zeit nach London ein. Zunehmend polarisieren seine Auftritte in Deutschland. Bei einigen Vorstellungen – 1851 in Nürnberg – muss der inzwischen mit derbem Wortwitz auch gern als „Urhyäne" oder „Gesundheitswüterich" Geschimpfte gar vor einem in Rage getriebenen Straßenpöbel flüchten.
Andere, fast schadenfrohe Quellen sprechen von einem elenden Ende im städtischen Hospital zu Konstanz.

Die mit den „bierernst" bis „moralin-sauer" daherkommenden und meist von den Kanzeln deutlich weniger unterhaltsam propagierten Mäßigkeitsvereinen konkurrierende Alternative bleibt mystisch und faszinierend zugleich.
Mahners eigentliches bleibendes Vermächtnis liegt aber weniger in seinem antialkoholischen Engagement. Im Gegenteil wird er bei diversen Gelegenheiten auch bei dessen persönlichem Genuss entlarvt.
Eher findet sich sein dauernder Nachhall auch im Norden in einer asketischen Lebensweise und seinem insbesondere das Nacktbaden propagierenden „Abhärtungsritus".
Tatsächlich werden in der zweiten Hälfte des 19. Jahrhunderts einige frühe, in seinen Spuren das morgendliche Nacktbad in der Natur zelebrierende Jünger als Nudisten entlarvt, die sich im sittenwachenden polizeilichen Konflikt dabei stets auf des Meisters Lebensweise berufen.

Auch sein Kampf gegen das „stink-mächtige Schmauchkraut" schlägt höhere, gar transatlantische Wellen als sein Branntweinverbot. Selbst noch die amerikanischen Tabakexporteure machen sich Sorgen. Der dort auf Deutsch herausgegebene „Herold" sieht sich in einem Lobartikel auf Cigarren wider die neuartigen Zigaretten sogar zu einer Reaktion von Kontinent zu Kontinent auf Mahner genötigt:

„Wir schwärmen allerdings mehr für die Havanna, als für Connecticut und Wisconsin oder jene verdächtigen Glimmstengel, welche man als „Kartoffelkraut Einlage, Rübe-Deckblatt" taxiert; aber als Freunde eines mäßigen Tabakgenusses ...protestieren wir gegen den Gesundheitsapostel Ernst Mahner, der mit nachfolgenden Worten gegen das edle Kraut zu Felde zieht:

> *Tabak ein arger Lebensfeind,*
> *Viel böse Kräfte er vereint.*
> *Dämonisch glüht und giftig dampft,*
> *Sein Wesen aus der Hölle stammt."*[157]

Genießen statt Enthalten

Ein erstes vorsichtiges Fazit auf dem Höhepunkt der Bewegung 1847.
Späte Entwicklungen der Vereinsarbeit.
Als Zirkelschluss ein abschließender Blick auf den Westen des
Heider Marktes.

Doch das mit Galgenhumor aufgeladene und sich an solchen Kunst- und Reizfiguren abarbeitende Biedermeier wendet sich zum Ende der 40er Jahre des 19. Jahrhunderts zunehmend der ernsthaften Politik zu. Zu groß werden die auch durch die Branntweinpest gekennzeichneten gesellschaftlichen Spannungen in ganz Europa.
Unmittelbar vor dem Zusammenbrechen der sich vom „Mahner" distanzierenden seriös-klerikalen Mäßigkeitsbewegung unter der Last der nun stattdessen alle Aufmerksamkeit und Energie verschlingenden Erhebung der Schleswig-Holsteiner des europäischen Revolutionsjahres 1848 werden von Volquarts für das Jahr 1847 schließlich für Dithmarschen auf dem Höhepunkt der Bewegung insgesamt 779 Mitglieder der 8 von ihm gezählten Enthaltsamkeits- und Mäßigkeitsvereine erhoben.
Unter diesen werden 176 Frauen (22,5% der insgesamt Engagierten) genannt. In seinem Zahlengerüst fehlen allerdings vermutlich nicht nur die vergessenen verbliebenen 24 Nordhastedter Enthaltsamen, sondern sicherlich auch noch der eine oder andere übersehene und der Volquarts'schen Bewegung ebenfalls nicht so nahe stehende kleinere Ortsverein oder nicht organisierte, aber ebenfalls abgestufte Abstinenz übende Gemeindegruppen und Freundeskreise.
Für dieses Jahr 1847, in dem sich auch in Dithmarschen durch eine Missernte des Vorjahrs (u.a. der Kartoffelpest geschuldet) und in Folge erhebliche Preissteigerungen die wirtschaftlichen Sorgen der Bevölkerung wieder vergrößern, werden für die einzelnen Dithmarscher Vereine an offiziellen Mitgliedern genannt:

Meldorf	42	davon 4 Frauen
Wöhrden	50	
Heide	106	
Hennstedt	40	davon 3 Frauen
Tellingstedt	97	davon 43 Frauen
Lunden	377	davon 126 Frauen
Hedwigenkoog	48	
Büsum	19	
Nordhastedt	24	(1848 bei Auflösung; fehlt bei Volquarts/Stubbe)

Volquarts erhebt des Weiteren für beide Herzogtümer Schleswig und Holstein insgesamt zusammen 41 Vereine mit 3.500 Mitgliedern.

Allerdings haben diese Daten eine eingeschränkte Aussagekraft, da etliche Vereine keine oder nur grob geschätzte Zahlen geliefert haben. Allein die auf das ganze Herzogtum erhobene Frauenquote von knapp 17 % macht deutlich, dass auch hier – wesentlich wegen der Gründung eines mitgliederstarken Frauenvereins in Lunden zum 2. Juni 1846 – der (Norder-)Dithmarscher Organisationsgrad als leicht überdurchschnittlich angesehen werden kann.

Zum Vergleich gibt Pierer's Universal-Lexikon von 1860 für das Jahr 1846 für ganz Deutschland 1232 Mäßigkeitsvereine mit rund 1 Million Mitgliedern an. Bei geschätzten rund 35 Millionen „Deutschen" jener Jahre zeigt die „Enthaltsamen"-Quote (wesentlich Norder-) Dithmarschens von ca. 2,7% der Gesamtbevölkerung, dass man nah am Schnitt aller deutschen Staaten liegt (2,9%).

Doch für ein Resümee ist es eigentlich noch etwas zu früh. Zu berichten ist beispielsweise ein Bonmot der Heider Vereinsarbeit dieser späten, noch aktiven Jahre und - zur Abrundung der Erkundung Heides in den 1840er Jahren - ein genauerer Blick auf die Westseite des Heider Marktes, die in Sachen Alkohol auch noch so Einiges zu bieten hat.

Die Jahresfeier im Juni 1846 aus Anlass des zweijährigen Bestehens des Mäßigkeitsvereins wird beispielsweise im Gasthaus des 1794 auf der Meldorfer Südermühle geborenen Müllersohnes Claus Schölermann begangen, das dieser über viele Jahre auf eben dieser Westseite betreibt[158].

Gastwirt Schölermann hat einen Faible für Modisches und wohl auch ein gutes Gespür für den Zeitgeist. Seine Mutter Maria Elisabeth (1767-1809) ist eine Knopfmachertochter Ross/Russ aus dem Schuhmacherort. Er selbst hat eine Hutmachertochter Peters aus der Heider Süder-/Hafenstraße geheiratet und schließlich die größte Weinhandlung am Platze (mit Gaststätte) des verstorbenen Paul Arens (1763-1813) erworben, die dieser als unmittelbarer südlicher Nachbar der ältesten Heider, der vom Papageien (Papagoien) zum „Löwen" aufgestiegenen Apotheke betrieb.[159]

Vorbesitzer Arens war ebenfalls ein Sohn des „Grand Seigneur" Johann Arens aus dem Schuhmacherort und zugleich auch der Schwiegervater des zeitweilig größten Heider Branntweinbrenners Gerdt Thomas Berg von der Markt-Südseite, der mit seinem alkoholischen Gewerbe der Schule auf die Pelle rückt.

In der aktiven Wirtszeit des Paul Arens – vor 1800 – dürfte es hier ein besonders breites Angebot an Destilliertem geben. Neben dem in erster Linie angebotenen Wein dürften in seiner Gaststätte bevorzugt väterlicher als auch Söth-Schnaps ausgeschenkt worden sein, wenn Einsetzung bei Patenschaften ein hinreichender Beleg auch für eine enge berufliche Kooperation ist.

Man hält zusammen in der alten Westeregge, genau so, wie in allen anderen Eggen, wenn nicht zwingende familiäre Gründe das „Fremdgehen" nahelegen.

Doch die Zeiten wurden nach 1800 für eine wesentlich auf Wein ausgerichtete Gastwirtschaft immer schwieriger. Erst sorgt die Kontinentalsperre für Versorgungsengpässe, dann trübt der dänische Staatsbankrott in der napoleonischen Nachspielzeit das Konsumklima für teure Luxuswaren allzu sehr ein.
Des Gastwirts Paul Arens Sohn erster Ehe, der zu Käufer Schölermann nahezu gleichaltrige Carsten Paul Christian Arens (1794-1869) übernimmt so nach dem Tod des Vaters lieber die Brauerei seines Schwiegervaters und Patenonkels (ebenfalls mit einer Tochter des Johann Arens verheiratet), des Kirchspielvorstehers Hans Christian Brandt (1765-1828) in der Süderstraße, während dessen Söhne dort ebenfalls auf den lukrativeren Branntwein umgestiegen sind, aber auch unverfänglichen Essig brauen.
Schließlich ist man als in der Süderstraße tätiger Brenner für das Vereinstreiben der Mäßigkeitsfreunde am südlichen Ende der Straße in der Armenschule besonders exponiert und wohl häufig erstes „Opfer" vereinzelter verbaler oder anderweitig drohender Protestaktionen.

Hans Christian Brandts ca. 1817 geborener Enkel Jacob August Brandt, dessen Mutter eine Albersdorfer Pastorentochter Lorenzen ist, mietet sich (deshalb?) noch in der ersten Hälfte der 1840er Jahre[160] und damit vor oder auf dem Höhepunkt der Heider Vereinsgeschichte mit eigenem Brenngewerbe als junger Untermieter mit einer vielköpfigen Familie seiner aus Tönning stammenden Frau im etwas vom Verein distanzierteren „Dreetornshus" ein, das für den kinderlosen Jacob Hinrich Boeter, Frau und Schwiegermutter von Herberg, in der Zwischenzeit allzu groß geworden ist. Man könnte auch sagen, er flieht in die Branntwein-Wagenburg des Heider Marktes. Die Vorbesitzer sind stattdessen in das Nachbarhaus zur Linken umgezogen.
Also hat auch Heides ältestes Wohn- und Gewerbehaus einen wenn auch späten, so doch nachhaltigen Anteil an der Heider Branntweingeschichte des 19. Jahrhunderts. Hier brennt nun der „Brandt".

Bemerkenswert ist weiterhin, dass auch die natürlich mit Alkohol die Kehlen befeuchtende Heider Liefertafel zum Jahreswechsel 1846/1847 ihren Silvesterempfang – explizit unter Absingen auch des heiklen Schleswig-Holstein-Liedes – im gleichen, offensichtlich neben dem Theater Wilde ebenfalls sehr angesagten Lokal Schölermann gibt.
In neuer Zeit wird die erstrangige alte Heider Gaststätte zum Eingangsbereich des Diskont-Supermarktes Wandmaker, an dessen Stelle jüngst die Heider Marktpassage entstanden ist.
Ein Sohn des Gastwirts Schölermann ist der spätere Tischlermeister und Stadtrat August Friedrich Schölermann (1835-1918). Man sieht, die Heider Gastwirte haben es

Gaststätte Arens/Schölermann links, rechts daneben die zugewachsene Löwenapotheke zu Westen des Heider Marktes; im Hintergrund verdeckt der Giebel der ehemaligen Branntweindestille Landsmann an der Ecke zur Norderstraße
Aufnahme um 1880

schnell gelernt, sich dem Geschmack des jeweiligen Publikums flexibel und vor allem erfolgreich anzupassen.

Zudem hat sich die Westseite des Heider Marktes seit den 1830er Jahren nachhaltig zur erweiterten Amüsiermeile entwickelt. Auch linker Hand von Schölermanns Traditionslokal liegt Kneipe an Kneipe. Bis zur Einmündung der Großen Westerstraße folgen auf Schölermann nach links der aus Wöhrden zugezogene ledige Kirchspielvogt Engelbrecht (zugegeben keine Kneipe), dann aber Haus an Haus die kleineren Gastwirtschaften Buhmann mit Albersdorfer Wurzeln (hier später ein früher „Heider Hof"), Johann Hinrichs (später „Marktschänke") und der aus Büsum zugezogene Dirk Nagel, der eine Hutmachertochter Schriever von der gegenüberliegenden Marktseite geheiratet hat.

Amüsierviertel des 19. Jahrhunderts zu Westen des Marktes – zweites Haus von links Kaufmann Muhl (später Abriss für Verbreiterung der Westerstraße), dann Kneipe Nagel (später Scheller), Hinrichs (später Marktschänke), dann Buhmann, dann Kirchspielvogt Engelbrecht und mit höchster (bereits umgebauter) Fassade die ehemalige Weinhandlung Arens/Schölermann – Aufnahme um 1900

Schwiegervater Franz Christian Schriever (1761-1831) produzierte feinstes Hutwerk als unmittelbarer nördlicher Nachbar der Brauerei Kruse, ebenfalls umringt von einigen kleineren Wirtschaften, die sich aber im Unterschied zu ihren Pendants auf der Westseite selten länger als einige wenige Jahre halten können.

Die Ostseite des Heider Marktes ist im Gegensatz zur beständigeren Westseite im 19. Jahrhundert das Revier der jeden Weg zum schweren wirtschaftlichen Erfolg probierenden Gelegenheitswirte.

Doch auch aus Dirk Nagels stabilem alkoholischen Etablissement im Westen entsteht in der Generationenfolge durch allmähliche Hinwendung zu anderen geistigen Genüssen die Buchdruckerei und -handlung Nagel, später Scheller. Die hierauf zur Mitte des 19. Jahrhunderts noch folgende Kaufhandlung Muhl an der Ecke wird 1953 der Verbreiterung der Westerstraße zum Opfer fallen.

Doch auch nördlich von Arens/Schölermann geht es zu Westen des Marktes sowohl in Sachen Prestige als auch Alkohol rund. Auf Schölermanns Gaststätte folgt nach Norden zunächst die ehrwürdige Löwenapotheke, dann das Haus des mit dieser symbiotisch zusammenwirkenden und aus Beidenfleth stammenden Doktors und Landesphysikus Nicolaus Dohrn (1789-1858) – sein Bruder der Rektor der Meldorfer Gelehrtenschule Henning Dohrn (1783-1855) - und noch ein Haus weiter das ebenfalls sehr respektable Haus des Landespfennigmeisters Griebel.

Friedrich Carl Griebel (1788-1861) ist ein ebenfalls in Meldorf geborener jüngerer Bruder des Landvogts im Ruhestand Anton Griebel vom Nordermarkt und ebenfalls verheiratet mit einer Tochter des vormaligen Landvogts Johannsen, einer Halbschwester der Frau Amalia seines Bruders.

Er hat sein Haus zu Westen des Marktes nach dem Tod des Vorbesitzers und Advokaten Peter Friedrich Knölck (1774-1828) bezogen, dessen Vater Michael Knölck (1744-1825) ebenfalls schon als Landespfennigmeister die Finanzen der Landschaft Norderdithmarschen verwaltete, dieses aber in seinem damaligen Amtssitz des durch den Auszug der Landvögte frei gewordenen „fürstlichen" Hauses zu Nordosten des Marktes.

Zur Mitte des 19. Jahrhunderts hat nun also auch die Westseite des Heider Marktes eine gesellschaftlich respektable Mitte, garniert mit Gastwirtschaften im Zentrum und an den Flanken.

Im fünften Haus nach Schölermann – auf den vorgehenden Abbildungen zwei-geschossig mit Flachdach - setzt sich auch die Amüsiermeile nach Norden fort. Hier wird noch ein weiterer und wohl ganz besonderer Heider Marktbrand hergestellt.

Wendel Jacob Pflug (1788-1858) heißt der etwas aus dem üblichen Rahmen fallende, „exotische" Destillateur. Sein Großvater Wendel(inus) war zur Mitte des 18. Jahrhunderts aus Schwaben - in den Spuren des Baumeisters Schott - in den hohen Norden gezogen und machte hier ebenfalls schnell Karriere.

Die Familie zeichnet in Heide eine besondere Anpassungsfähigkeit und ein „Riecher" für gute Geschäfte aus. Bereits seinem wohl noch in Geislingen geborenen Sohn Wendel (ca. 1752-1821) fällt als gelernter Knochendrechsler bzw. etwas später Eisenhändler am Markt bereits auch das örtliche Mitspracherecht eines Kirch-spieldeputierten zu. Er hat sich in schwierigen Zeiten bereits erfolgreich auch mit neuem Arbeitsmaterial angepasst.

Sohn Wendel Jacob wird allerdings auch diesem väterlichen Versuch, dem Zeitgeist auf den Fersen zu bleiben, angesichts noch lukrativerer Alternativen untreu und wendet sich dem Alkohol zu.

In die finanziell mit viel Potenzial ausgestatteten neuen Gefilde des Branntwein-brennens kann er seine Nase wohl auch durch die Kontakte stecken, die ihm über die Familie seiner Braut eröffnet werden.

Amalia Margaretha geb. Mattes (1782-1866) ist eine Enkelin des einstigen Gastwirts Nr. 1 in Heide, Peter Ernst Gerritz zu Norden des Marktes. Ihr Vater Friedrich Nicolaus Johann Mattes (ca. 1751-1817) - oder dessen Vater - war wohl ebenfalls aus dem deutschen Süden (Rheinland?) nach Dithmarschen gekommen. Zuerst als Bedienter beim Landvogt von Lowtzow im fürstlichen Haus, dann Tabakhändler im Schuhmacherort, wirkte er dank neu geknüpfter familiärer Bande zu Gerritz und erfolgreichem eigenen Können von 1801-1805 sogar für wenige Jahre als Landes-gevollmächtigter in herausgehobener gesellschaftlicher Stellung.

Mattes handelt sein Kraut im Übrigen genau nördlich von Schnapsbrenner und Gevollmächtigten-Kollege Arens in dem ersten Haus am nördlichen Eingang des Schuhmacherorts, in dem sich zu Zeiten der Mäßigkeitsvereine, nachdem der jüngere Sohn Ernst Friedrich Mattes 1830 verstorben und der ihm in der Geschäftsführung folgende ältere Bruder Johann Hinrich 1844 nach Altona gegangen war, der Schnapsbrenner Gerd Thomas Berg vom Südermarkt seinen Lebensabend verbringt.

Des bereits früh (1817) verstorbenen Tabakfabrikanten Mattes hinterlassene Witwe Margaretha Dorothea geb. Gerritz und eine gemeinsame Tochter Sara Catharina waren bereits 1831, kurz nach dem jüngeren Sohn, verstorben.
Bei so viel zugereistem Esprit in der Familie Pflug-Mattes, könnte der vom Schwiegersohn bereits zu gleicher Zeit zu Westen des Marktes „gepflügte" Schnaps in Heide tatsächlich eine ganz besondere Note haben.

Mit diesem Pflugschnaps könnte auch die Gründung des Heider Bürgervereins begossen werden, denn, hier am Schuhmacherort hat sich die 1813 geborene Tochter Margaretha Maria Elise zu Beginn der 1840er Jahre mit ihrem ein Jahr jüngeren Mann Johann Matthias Nicolaus Gilian, dem älteren der bereits genannten zwei Söhne des Gastwirts Georg Hinrich Gilian vom Landweg, als Bäcker und Gastwirt niedergelassen.
Auch er dürfte nun also in seinem neuen Lokal, dem wahrscheinlichen Gründungsort des Bürgervereins von 1846, vorrangig die zu Westen des Heider Marktes gebrannten Erzeugnisse seines Schwiegervaters Wendel Jacob Pflug anbieten. Hierhin kehren wir nun auch zurück.

Noch einige Schritte und zwei Häuser weiter – genau zwischen der Pflug`schen und der ebenfalls jungen Landsmann`schen Destille folgt dann noch eine weitere Kneipe auf der Westseite des Heider Marktes.
Sie wird über viele Jahrzehnte betrieben von Johann Löbkens aus einer ebenfalls weit verzweigten und mindestens seit dem 17. Jahrhundert in Heide ansässigen Familie, die sowohl Verbindungen zur Familie der späteren Weinhandlung Koltzau als auch zu der der Schnapsbrenner Söth aus der Norderstraße aufweist.

Löbkens Witwe führt noch mindestens im Jahre 1835 die Gaststätte. Vor 1845 geht die Kneipe dann auf Wilhelm Friedrich Lüdert Muhl aus der Kaufmannsfamilie Ecke Westerstraße (s.o.) über.

Die genussreiche Lage hat in Heide trotz häufigen Wirtswechsels eine besonders lange, ununterbrochen bis ins 20. Jahrhundert reichende Lokalgeschichte. In späteren kaiserlichen Zeiten befindet sich hier der Heider Stadtkeller, zuletzt in den 1960ern firmierend unter der Bavaria St. Pauli Brauerei und in den 1970ern bekannt als King

Ehemalige Gaststätte Löbkens zu Westen des Heider Marktes (zweites Haus von rechts), hier bereits als Heider Stadtkeller – zwei Häuser links davon die relativ unscheinbare Destille Pflug (auffällig – ohne Spitzgiebel)
Aufnahme nach 1900

George. Im Zuge des Durchbruchs der Marschstraße wird das Gebäude schließlich abgerissen - hier heute die Brache, genau an der Ecke Markt/Marschstraße, der alten Landsmann`schen Destille gegenüber.

Doch zurück an den Jahreswechsel 1846/47, den die Heider mal mit und mal ohne hochprozentigen Alkohol in Schölermanns Lokal begehen. Man hat auch bei den Enthaltsamen Grund zum Feiern, denn nur wenige Tage zuvor, am 19. Dezember 1846, hat der Heider Mäßigkeitsverein nochmals mit einem bemerkenswerten Schritt seine Existenz in der Dithmarsischen Zeitung kundgetan.[161]
Zur Weiterentwicklung (oder bereits Rettung) des Vereinsgedankens schreitet man mit großem Maß voran. Man entfernt sich zwar vom originären Vereinsinhalt, wendet sich aber einer umfassenderen Basisarbeit für die dominierende Zielgruppe des Vereins zu.
Die wesentlich der Unterschicht entstammenden Heider Vereinsmitglieder greifen die eigene drückende Situation auf und propagieren die Gründung einer Kranken-(ausfall)versicherung auf Gegenseitigkeit im Rahmen des bestehenden Vereins, die grundsätzlich fortan auch unter 50-jährigen und nicht an dauerhaften Krankheiten leidenden (auch ortsfremden) Nichtmitgliedern offen stehen soll. Versichert werden können zudem Frauen der Mitglieder und andere „Frauenzimmer".
„Die Kranken- und Unterstützungskasse des Mäßigkeitsvereins in Heide hat den alleinigen Zweck, den Interessenten in Krankheitsfällen nach Maaßgabe des von jedem Mitgliede wöchentlich in die Krankenkasse einzuschießenden Beitrags für die Dauer einer Krankheit eine wöchentliche Unterstützung aus der Kasse zukommen zu lassen."
Ob dem beabsichtigten Zweck dann noch Taten folgen können, konnte bislang nicht ermittelt werden. Für ein tatsächliches Zustandekommen oder nachhaltiges Wirken dieser Kasse liegen (noch) keine Belege vor. In Heide treten nun zunehmend die Aktivitäten des im Februar des gleichen Jahres gegründeten und um umfassende Bildung und gesellschaftliche Weiterentwicklung bemühten Heider Bürgervereins in den Vordergrund des von der Lokalpresse begleiteten Gemeindelebens.

Ein beständigeres Erbe der bisherigen Vereinsarbeit im Allgemeinen erhält sich aber auch bei den unterklassigen Mitgliedern des Heider und der anderen Dithmarscher Mäßigkeitsvereine. Ein steigendes Selbstwertgefühl und bürgerliches Selbstverständnis aller, in diesem Fall auch der unteren Schichten, das zu nicht geringen Anteilen die allgemeine Bereitschaft und Begeisterung für die Erhebung des kommenden Jahres tragen wird, ist trotz geringen Erfolges im eigentlichen Kampf gegen die Alkoholsucht ein dauerhaftes Vermächtnis auch dieser Vereine:
„Mit ihren Statuten und Satzungen, ihrem oft formalistischen Procedere, ihren Tagesordnungspunkten, Anträgen, Beschlussfassungen und Protokollen gaben die … Vereinigungen den einfachen Menschen … ein Gefühl für den Wert und die Würde der eigenen Person."[162]

Dithmarsische Zeitung.

Funfzehnter Jahrgang.

№ 51.

Sonnabend, den 19. December 1846.

Redigirt unter Verantwortlichkeit des Herausgebers.

Statuten

der Kranken= und Unterstützungskasse des
Heider Mäßigkeits=Vereins.

§ 1.

Die Kranken= und Unterstützungskasse des Mä=
ßigkeitsvereins in Heide hat den alleinigen Zweck,
den Interessenten in Krankheitsfällen nach Maaß=
gabe des von jedem Mitgliede wöchentlich in die
Krankenkasse einzuschießenden Beitrags für die
Dauer einer Krankheit eine wöchentliche Unter=
stützung aus der Kasse zukommen zu lassen.

wenn nicht durch Beschluß des Vereins ihm ge=
stattet wird, Mitglied der Kasse zu bleiben.

§ 3.

Alle zur Zeit der Errichtung dieser Kasse sich
zum Beitritt erklärende Mitglieder des Vereins
können Interessenten der Kasse werden; später ein=
tretende müssen sich der Abstimmung unterwerfen,
gleich den Nichtvereinsmitgliedern. Eine Verpflich=
tung zur Theilnahme an der Krankenkasse hat nicht
statt. Die nicht in die Krankenkasse aufgenom=
menen Vereinsmitglieder haben aber auch selbst=
verständlich keinen Anspruch auf eine Unterstützung

Dithmarsische Zeitung 51/1846

Der letzte Kampf

Die Zeitumstände 1848/49 beenden (nicht nur) in Dithmarschen die
Mäßigkeitsbewegung nach nur sechs Jahren.
Doch verbliebene engagierte Mäßige treten zu einem letzten großen
Gefecht an.
Großer Auftritt eines fast vergessenen Heider Stadtvaters.

Im unmittelbaren Nachgang des Todes von König Kridewitt kulminiert die politische
Entwicklung im Frühjahr 1848 in der Erhebung der Herzogtümer gegen die dänische
Krone. Längst ist man auch in Dithmarschen vom kontinental-revolutionären Fieber
ergriffen, von deutschem Patriotismus infiziert.
Statt Harms *„Vorher gethan, hernach bedacht"* wird nun immer häufiger, vielkehlig und
v.a. öffentlich das ebenfalls seit 1844 populär gewordene *„Schleswig-Holstein-
meerumschlungen"* geschmettert, nicht nur von der Heider Liedertafel oder dem selbst
in diesen Jahren mit diesem Repertoire zu Sängerfesten reisenden Klaus Groth.
Die Abstinenzler-Hochburg Lunden wird schnell auch zu einem Nukleus der lokalen
politischen 1848er-Bewegung, auch wenn die Dithmarscher alles in allem, verglichen
mit einem anderenorts in Holstein überbordenden Elan, nur gedämpften Anteil
nehmen.

Gemeinsam mit dem engagierten Norderdithmarscher Landvogt Boysen ist es
ausgerechnet der Lundener Kirchspielvogt Julius Emil Johannsen (1811-1867), ein in
Heide zu Norden des Marktes in der alten Landvogtei geborener später Sohn des
vorgehenden Landvogts Christian Matthias Johannsen (1747-1813) und damit auch
Onkel der Frau des Landvogts Boysen, der an der ersten Rendsburger Volks-
versammlung vom 18. März 1848 teilnimmt und flugs zum Bedauern Volquarts auch
in Lunden neue Prioritäten setzt.
Drei Jahre zuvor wirkte der in Kiel und Heidelberg studierte Jurist Johannsen bereits
als Boysens Landvogteisekretär und bekleidete früh auch das Amt eines
Kooginspektors.
Johannsen ist wohl nicht nur in diesen Jahren Boysens engster Vertrauter, sondern seit
langer Zeit sein Protegé. Bereits nach Boysens Entlassung 1851 ob seiner intimen
Kenntnisse folgerichtig als kommissarischer Landvogt eingesetzt, ist es dieser

routinierte Lundener Kirchspielvogt Johannsen, der auch noch als Nachfolger des 1863 sterbenden Landvogts Hansen bis zu seinem eigenen Tod für vier Jahre der letzte königlich dänische Norderdithmarscher Landvogt in Heide sein wird, bevor unter preußischem Regime das Amt zum Landrat umgestaltet wird.

Julius Emil Johannsen (1811-1867), Lundener Kirchspielvogt (1845-1863) und letzter Norderdithmarscher Landvogt in Heide, deutlich erkennbar die „Schmisse" des studierten Juristen aus seiner Kieler („Holsatia") und Heidelberger („Westfalia") Burschenschaftszeit

Nach der nur sechs Tage nach der Rendsburger Vollversammlung am 24. März 1848 erfolgenden Konstitution einer provisorischen Schleswig-Holsteinischen Regierung werden bereits am Folgetag auch in Heide erste Einschreibungslisten für die Freiwilligen ausgelegt, nachdem unmittelbar zuvor die Norderdithmarscher Landesversammlung die provisorische Regierung anerkannt hat.[163]

Tagungsort der Landesversammlungen ist zu diesem Zeitpunkt schon das Landschaftliche Haus am Nordermarkt (ein später Heider Hof, heute linker Teil des Bankneubaus) – siehe Abb. 1.

Mit einem Extrablatt zur Dithmarsischen Zeitung von Sonnabend, den 8. April 1848, werden die Bürger über die Ausrufung eines „Dithmarsischen Freicorps" unterrichtet.[164]

Der hierauf reagierende Versuch der Mäßigkeitsbewegung, die Aufmerksamkeit des breiteren Publikums für die nun endgültig zur Nebensache werdende Enthaltsamkeitsidee zu behalten, wirkt schon etwas verzweifelt.

Volquarts ruft unverzüglich zum Kampf in einem Zwei-Fronten-Krieg auf. Galt es bislang, den Drachen zu erlegen, ist es nun auch der „Danebrog", den man ins Visier nimmt.

Als die 50 zumeist jungen Männer der Region – vom aus vornehmlich älteren Herren bestehenden Landesvorsteherkollegium waren mindestens 200 erwartet worden[165] -, berauscht im doppelten Sinne und noch voller, später enttäuschter Hoffnung, dass man sie trotz vergleichsweise geringer Zahl annehmen werde, gen Rendsburg ziehen, macht sich der „Dithmarscher Volksfreund" sogleich seine eigenen Gedanken.

Ahnt er doch nur zu gut, wie Militär und Alkohol häufig genug Hand in Hand zusammen gehen. Nicht erst den in den Schützengräben zermürbten und zerschossenen Soldaten des Ersten Weltkriegs wird der Branntwein zum „Mutwasser".

In einem Artikel, den Stubbe der Ausgabe 5/1848 des Volksfreunds zuordnet, wird ein Ausspruch des Norderdithmarscher Landesgevollmächtigten Mohr zitiert:

„Geht nach Heide; seht da, wenn die Session ist (Anm.: gemeint ist die Sitzungsperiode der nächsten Landesversammlungen), *unsere jetzige Jugend; was sind Sie? Zwerge gegen unsere früheren Vorfahren. Daher sollte man mit Recht den Branntwein verpönen und ihn von Regierungs wegen verbieten."*

Volquarts verbindet diese nun auch als Enttäuschung über die geringe Kampflust der jungen Dithmarscher zu verstehenden Worte sogleich mit den Sorgen um deren Kampfkraft und stößt ins gleiche Horn. Er ergänzt, dass es wohl tatsächlich so sei, dass Alkoholgenuss die Körpergröße verringere.

Zum vermeintlichen und auch später noch strapazierten Beweis führt er an, dass man auch in Preußen längst festgestellt habe, wie klein die einstmals „langen Kerls" geworden seien. Das Maß für Soldaten habe um fast zwei Zoll reduziert werden müssen. Hohe Offiziere würden dieses einem frühen und übermäßigen Alkoholgenuss zuschreiben.

In den folgenden Wochen überwiegt dann allerdings auch in Dithmarschen zunächst die Freude über erste errungene Siege im Unabhängigkeitskampf der patriotischen Schleswig-Holsteiner und die dabei durchaus günstig wirkende Rolle des Alkohols.

Bei der Einnahme der Schanzen bei Busdorf zu Ostern 1849 wird beispielsweise kolportiert, dieses habe nur gelingen können, weil die Dänen teils im Vollrausch, die Verteidigungsstellungen nur schwach besetzt und den Kampf teils gänzlich verschlafen hätten.

Aber auch von der Artillerie der Schleswig-Holsteinischen Armee oder der Bürgerwache in Rendsburg werden mehrere Exzesse mit teils unrühmlichen militärischen Folgen berichtet.

Volquarts Volksfreund kommentiert früh die anstehenden Lieferverpflichtungen der Landschaften Dithmarschens für das Militär. 1848 beklagen die Mäßigkeitsfreunde in der Ausgabe 6/1848, dass Norderdithmarschen, Süderdithmarschen als auch Eiderstedt an die Truppe jeweils Branntwein liefern müssten, für die ein Materialeinsatz von je 50 Tonnen Weizen oder umgerechnet 15.000 Pfund Brot bzw. 200 Tonnen Kartoffeln alternativer Volksernährung habe „gebrannt" werden müssen. Eine eingeübte und zuvor vielfach genutzte Argumentationslinie, die an heutige Bio-Gas-Diskussionen erinnert.

Während die Mäßigkeitsbewegung in den folgenden Wochen die Masse kaum noch mobilisieren kann und von weiteren Vereinsaktivitäten in den Landschaften Norder- und Süderdithmarschen in der Presse keine Erwähnung mehr zu finden ist, peilt der zunehmend zum Einzelkämpfer mutierende Volquarts in kriegerischen Zeiten längst die neue soldatische Zielgruppe an und erringt mit seinem Wirken letzte persönliche Lobbyisten-Erfolge als Vorsitzender des holsteinischen Zentralvereins.

Dieser war bereits im August 1844 auf Anregung der eng miteinander kooperierenden Pastoren Volquarts aus Lunden und Biernatzki aus Friedrichstadt entstanden.

Auch an den Generalversammlungen der Deputierten der deutschen Enthaltsamkeitsvereine in Berlin (1845) und Braunschweig (1847) nimmt Pastor Volquarts längst wie selbstverständlich fast im Alleingang teil, während noch zur ersten Generalversammlung 1843 in Hamburg elf holsteinische Vertreter anwesend waren, unter anderem der zugewanderte und wohl eigentliche Treiber der frühen Wöhrdener Bewegung, der Schoof-Schwager Georg Alberts aus Wellinghusen als Vertreter der Dithmarscher.

Eine Eingabe Volquarts an das Schleswig-Holsteinische Kriegsdepartement zu Gunsten der enthaltsamen Soldaten hat 1849 mindestens den Erfolg, dass fortan die Soldaten bei Naturallieferungen wählen können, ob sie Branntwein oder Kaffee erhalten.

So ist es denn auch wohl Volquarts allein, formal noch im Namen des Schleswig-Holsteinischen Zentralvereins, aber im eigentlichen Sinne nur noch für die verbliebene kleine Schar seiner engsten Dithmarscher Getreuen und vielleicht auch inhaltlich nur noch abgestimmt mit sich selbst, der in den turbulenten Zeiten der Erhebung die Bewegung an oberster Stelle nochmals zu Gehör bringt.

Gemeinsam mit drei Deputierten des Heider Vereins, einem Tellingstedter und einem Meldorfer, wendet er sich 1849 mit einem weiteren Gesuch, die mit einem Hauptstützpunkt in Schleswig-Holstein angedachte neue deutsche Reichsflotte von Beginn an „branntweinfrei" zu halten, an die in der Frankfurter Paulskirche tagende Deutsche Nationalversammlung.

Das Thema „Deutsche Flotte" bewegt die Dithmarscher schon seit geraumer Zeit. Bereits ein im Sommer 1848 erfolgter Aufruf zum Aufbau einer solchen wurde durchaus positiv aufgenommen. In Heide erzielt eine Sammlung 1200 Mark, in Büsum 825 Mark, während die Süderdithmarscher Landesversammlung in Meldorf „zuständigkeitshalber" eine Beteiligung an dem „Verein zur Erbauung einer deutschen Flotte" ablehnt.[166]

Diese Flotte ohne Reich - und nach Volquarts Vision auch ohne Alkohol - besteht im Sommer 1849 bereits aus ansehnlichen 37 Schiffseinheiten.

Eine neben Volquarts bei diesem Flottengesuch allerdings doch herausgehobenere Stellung nimmt wohl der Heider Kaufmann, Gewürzhändler und spätere Zucker-fabrikant sowie 1845-1851 amtierende Norderdithmarscher Landesgevollmächtigte Detlef Horstmann (1794-1867) ein.

Der im Gesuch nach Vorsitzendem Volquarts erstgenannte Deputierte des Heider Mäßigkeitsvereins ist ein in Braaken bei Hemmingstedt geborener Landmannssohn, der zunächst die Gewürzhandlung seines verstorbenen Schwiegervaters, des ehemaligen Kirchen- und Kirchspielvorstehers Peter Carstens (1772-1814) vom nordöstlichen Ende der Heider Österstraße zur Entlastung dessen Witwe Margaretha Hedwig (gest. 1828) und deren teils unmündiger Kinder weiterführte.

Das wilhelminische Nachfolgegebäude dieser im 19. Jahrhundert typisch krüppel-bewalmten Kaufhandlung Carstens ist später in Heide lange Zeit bekannt als Zigarren-Wischmann, dann -Paulsen, gelegen unmittelbar neben dem gleich östlich davon erbauten Armenhaus.

Aber schon bald – natürlich möchte man sagen - sucht sich der ambitionierte Horstmann ein neues, standesgemäßes und seinem kommunalen Gestaltungs-anspruch gerechteres Domizil an der angesagten Nordseite des Marktes, ohne dabei jedoch die Inhalte des Armenwesens aus dem Blick zu verlieren.

Horstmann erwirbt das unmittelbar rechts neben der nun verzogenen Biesten'schen Hirsch-Apotheke gelegene Anwesen aus dem Vorbesitz der Witwe Elisabeth (1743-1811) des einige Jahre zuvor verstorbenen und von 1755-1780 als Vorgänger von Paul Diedrich Arens in Heide wirkenden Kirchspielvogts Paul Paulsen (1731-1805), die ältere Heider Kirchspielvogtei zu Norden des Marktes.

Der klassizistische Giebel, der das noch in den 1960ern stehende Gebäude ziert, weist wohl tatsächlich auch Horstmann als Bauherrn, mindestens der Fassade, in den 1830er Jahren aus.

Die dahinter verborgene innere Bausubstanz des Gebäudes stammt aber wahrscheinlich zu größeren Teilen noch mit glanzvoller großer Diele und geschwungener Treppe aus dem Jahr 1737 vom Großvater des Vorbesitzers Paul Paulsens d.J.[167].

Dieser Großvater und ursprüngliche Erbauer ist der einstige Süderdithmarscher Landvogt Paul Paulsen aus Meldorf (1667-1741), der zum Jahresbeginn 1707 in spektakulärer Weise vom dänischen König „in Ungnaden" entlassen zu Zeiten des ganz Nordeuropa zerreißenden Nordischen Krieges die politischen Fronten wechselte, um fortan in gottorfschen Diensten zunächst als Norderdithmarscher Landvogt am Heider Markt zu wirken und dann noch für einige Jahre als Hofkanzler im unmittelbaren persönlichen Umfeld eines dankbaren Herzogs, der zu dieser Zeit (noch) auf Schloß Gottorf residiert.

Als Alterssitz für den nach Heide zurückgekehrten Landvogt entstand dann 1737 das nun von Horstmann in Teilen bewahrte und mit behutsamer Hand modernisierte Vorgängergebäude Paulsens.

Haus des Detlef Horstmann am Markt Nord (rechts) bis 1867 (ab 1887 Amtsgericht)
nach links folgen Hirschapotheke, zwei für den Bau der Husumer Straße abgerissene Häuser
(im 19. Jahrh. die aus Württemberg zugewanderten Sattler Frasch sowie die „Traube")
und ganz links die Brennerei Landsmann (später Justizrat Guth)
Aufnahme um 1900

Es ist im Übrigen ein Ururenkel dieses alten Paulsen, der Advokat Georg Friedrich Anton Paulsen (1803-1854), in dessen späterem Domizil, hundert Meter weiter rechts, Zeitungsmacher Pauly ab 1854/55 nach Paulsens Tod zwei Häuser rechts der späteren Landvogtei am Nordermarkt unterkommt.

Paulsens Witwe Emma Johanna Catharina Friederike (1817-1881), eine Tochter des Physikus Dohrn von der Westseite des Marktes, verzieht mit ihren Kindern anscheinend nach Flensburg.

Dieser Physikus Nicolaus Dohrn tritt von 1852-1857 Horstmanns Nachfolge als in der Norderdithmarscher Landesversammlung präsenter Landesgevollmächtigter für Heide an. Er wird zu Jahresbeginn 1852, dem Antrittsjahr als Vollmacht, auch zum Schwiegervater von Mathilde Ottens, der einst von Klaus Groth so innig Verehrten.

Ein noch immer weit verbreiteter Irrtum ist es übrigens, dass die Heider Dornstraße ihren Namen zu Ehren dieses Physikus Dohrn trägt, trotz aller Verdienste desselben um Heide und die Landschaft. Der Heider Dornstraße ist ihr Name schon zur Mitte des 18. Jahrhunderts beigelegt – siehe u.a. den Plan von 1756 -, als die Benennung von Straßen nach Personen noch völlig unüblich war.

Die Bezeichnung rührt wohl vielmehr von ihrer gebogenen Form her, ähnlich wie die Namensgebung des Meldorfer Geerviertels vom alten germanischen Wurfspeer hergeleitet wird.

Die Sitte (manch Anwohner besonders gebeutelter Straßenzüge mag es im Laufe der Geschichte auch als Unsitte ansehen), politische, kulturelle oder kommunale Gesinnung und Bedeutung auszudrücken und Straßen nach Personen zu benennen, entsteht in Dithmarschen eigentlich erst in postdänischer, preußischer Zeit.

Erstes diesbezügliches Heider „Opfer" ist hingegen bereits kurz zuvor die Österstraße, die im vergeblichen Bemühen, eine Preußischwerdung Dithmarschens zu verhindern, dem „Augustenburger" Herzog Friedrich zu „schleswig-holsteinischen" Füßen gelegt wird. Im eigentlichen Sinne also ein in vielen Städten der alten Herzogtümer Schleswig und Holstein bis heute verewigtes Sinnbild spektakulären politischen Scheiterns.

Doch zurück zu Detlef Horstmann, dessen konkretes kommunales und soziales Wirken noch nicht von eigentlich unproduktiven Namensgebungs-Projekten mit politischem Wetterfahnen-Flair abgelenkt ist.

Zwanzig Jahre nach seinem Hinscheiden wird das ursprünglich aus dem Vorbesitz des älteren Paulsen stammende „Überläufer"-Gebäude der älteren Heider Land-, dann Kirchspielvogtei neben der Hirsch-Apotheke 1887 zum Amtsgericht preußischen Zuschnitts.

Der Nachfolgebau beherbergt heute die Polizei. Im Untergeschoss des neuen Gebäudes aus dem 20. Jahrhundert ist ein beim Abriss des Altbaus geborgenes steinernes Wappenbild konserviert, das wohl das alte Paulsen-Wappen mit

„gekreuztem Anker auf rot-weiß geteiltem Schild" zeigt und diese als Abkömmlinge des älteren Woldersmannen-Geschlechts belegt.[168]

Ein auch von Horstmann sorgsam bewahrter Bezug zur älteren Heider Baugeschichte am Markt, der, wie das Wappen des wenige Schritte entfernten alten Theaters/ Gasthofs, bis in die Dithmarscher Geschlechterzeit vor 1500 weist.

Der zwischenzeitliche Hausbesitzer Horstmann hat zuvor, trotz äußerer Modernisierung im Stile des frühen 19. Jahrhunderts, das traditionelle Erbe im Inneren in Teilen bewahrt. Wir werden seinem überaus ausgeprägten Dithmarscher Geschichtsbewusstsein in wenigen Augenblicken nochmals begegnen.

Das von Mäßigkeitsfreund Horstmann bewahrte alte Paulsen-Wappen hat im Übrigen seinen heutigen, leider kaum zugänglichen Kellerplatz in unmittelbarer Nähe der Ausnüchterungszellen erhalten. Das Leben schreibt die schönsten Geschichten.

Detlef Horstmann ist in Heide die prägende und dennoch heute fast vergessene gestalterische Kraft der 1840er und 1850er Jahre und damit auch das perfekte personifizierte Sinnbild der in Vergessenheit geratenen Heider Mäßigkeitsgeschichte.

Er steht auch an der Spitze der eingesetzten Verschönerungskommission, die sich u.a. um die Begrünung der die Ortsmitte umgebenden Weideflächen zur Anlegung „hübscher Promenaden" auf dem alten „Jungfernstieg" kümmern soll. Ihm ist in diesen Jahren dabei wesentlich die Schaffung der „Neuen Anlage" auf den Flächen der alten Heider Süderweide zu danken, mit der auch zugleich der Grundstein für die in der folgenden wilhelminischen Gründerzeit entstehenden ersten Stadtvillen in Heides Süden gelegt wird.

Gott sei Dank setzt Horstmann sich allerdings nicht mit seinem Votum durch, den bereits zur Mitte der 1840er Jahre geplanten Heider Bahnhof zur maximalen Beförderung des örtlichen Handels mitten auf den Marktplatz und damit vor seine eigene Haustür zu setzen. Ab 1845 sitzt er gemeinsam mit Landvogt Boysen für die Heider im Verwaltungsrat der hierfür gegründeten Eisenbahngesellschaft, deren Projekt dann aber durch die Erhebung 1848 zunächst gestoppt und erst 30 Jahre später, in tat- und finanzkräftigerer preußischer Zeit, realisiert werden wird.

Horstmann wird zudem, wie Boysen, außerordentlich aktiv in der 1848er-Bewegung, u.a. in der nun eingesetzten landschaftlichen Kommission.

Im Februar 1846 ist er, wie Mäßigkeitsfreund Boysen, Gründungsmitglied auch des Bürgervereins und im Februar des Folgejahres 1847 an der Seite eines Klaus Groth und des Buchhändlers, Zeitungsherausgebers und späteren Heider Stadtverordneten Pauly, auch Mitbegründer der Heider Feuerwehr unter ihrem ersten Kommandeur Andreas Nicolaus Stammer (1804-1893).

Gemeinsam mit dem Süderdithmarscher Lohgerber und zeitweiligen Kirchenbaumeister Kurt Ihfe (1801-1870) aus der Meldorfer Westerstraße wird er im Jahr 1853 aber auch, in Rückschau und mit Weitblick zugleich, geschichtsbewusster als auch visionärer Erwerber des Grund und Bodens, auf dem erst viele Jahrzehnte später (1900) das Denkmal der Dusenddüwelswarf entstehen wird[169].

Im gleichen Sommer 1853 wird er daneben auch noch gewählter städtischer Abgeordneter für Heide der holsteinischen Provinzialstände (als sein Vertreter Pauly).

Gemeinsam mit Pauly sitzt Horstmann – wieder möchte man sagen, natürlich – auch früh im „Vorsitz des Aufsichtsrats" der 1837 auf Initiative von Propst Schetelig sowie dem in Tödienwisch geborenen Advokaten Johann Matthias Claussen gegründeten Heider Spar- und Leihkasse, die in der Dithmarscher Kommunalbank aufgehen und zu Beginn des 20. Jahrhunderts auch einige Jahre im Gebäude der alten Schule zu Süden des Marktes und dann im Neubau an Stelle des alten von Vollmacht Elvers gestifteten Rektorenhauses untergebracht sein wird.

Gegen Ende seines Lebens gerät der so überaus rege und kommerziell wie kommunalpolitisch erfolgreiche Horstmann allerdings selbst in arge finanzielle Bedrängnis. Er muss, nachdem er bereits vorzeitig sein Amt als Landesvollmacht niederlegen musste, zum Jahresende 1860 schließlich sogar Konkurs anmelden.

Feuerwehr-Kommandeur Stammer, der feierfreudige Begründer der erneuerten Heider Eggen- und „Hohnbeer"-Tradition, wird von der Landvogtei – symbolträchtig im Sinne unserer Thematik - als dessen Güterverwalter eingesetzt.[170] Welcher Staffelstab wäre besser geeignet, das vorläufige Ende auch der Abstinenz-Ära aufzuzeigen.

Horstmann, ganz ein Kind der dänischen Zeit, stirbt 1867 kinderlos in Heide, nur kurze Zeit nach endgültiger preußischer Machtübernahme in Schleswig-Holstein. Vielleicht sind nicht zuletzt diese Umstände die eigentliche Begründung dafür, dass der für die Entwicklung Heides so bedeutende Detlef Horstmann weitgehend in Vergessenheit geraten ist.

Die anderen vier Mitunterzeichner des Flottengesuchs von 1849 an die Deutsche Bundesversammlung scheinen im Gegensatz zu diesem Horstmann allerdings aus eindeutig einfachen Verhältnissen zu stammen. Sie sind für die Zusammensetzung des Heider Mäßigkeitsvereins von 1844 deutlich repräsentativer.

Hinter dem bei Stubbe als zweitem Heider Deputierten aufgeführten „H. Fehman" ist einer der Söhne (Hans Friedrich oder Jochim Hinrich Christopher) des in der Heider Norderstraße genannten Rademachers Hans Thomsen Fehmann (1760-1821) zu vermuten.

Dessen Großvater Berend Fehmann war 1732 in Heide kurzzeitig, weil durch frühen Tod abberufen, als Herbergsvater der Heider Schustergesellen eingesetzt und laut Chronist Marten intensiv mit deren vermutlich von reichlich Branntweinkonsum begleiteten Ausschweifungen beschäftigt und belästigt.

Hans Thomsen Fehmanns Witwe Antje (1765-1839), die Mutter des Vereins-Fehmanns von 1849, war eine aus diesem Umfeld stammende Schustertochter Claussen aus der Österstraße.

Der als dritter Heider Deputierte unterzeichnende „J.H. Hedschen" ist sehr wahrscheinlich der 1835 als 26-jähriger lediger Schuster in gleicher Zählung ebenfalls in der Norderstraße aufgeführte J. Andreas Hettschen, der 1845 an gleicher Stelle als auch schon in Heide geborener Schustermeister Jürgen Andreas Hetschen mit Familie bezeichnet wird - somit ebenfalls in der vielköpfigen Heider Schusterinnung eingeschrieben, deren Mitglieder auch im Heider Mäßigkeitsverein einen bedeutenden Anteil ausmachen dürften.

Wer weiß, vielleicht ist es dieser Heider Schumacher und hochmotivierte „Mäßige", dessen plattdeutscher Vortrag in Kiel über den Zuträger Pastor Petersen aus Tellingstedt Jahre später Klaus Groth eine Inspiration für seine Zuwendung zur heimatlichen Sprache liefert.

Hinter dem im Gesuch genannten Tellingstedter Deputierten „Jürgen Sibbert" dürfte sich der aus Timmaspe bei Nortorf zugewanderte 37-jährige und zuvor in der Volkszählung von 1845 in Gaushorn (Kirchspiel Tellingstedt) mit Frau Margaretha Catharina und noch ungetaufter erster Tochter als „Jürgen Sebbard" in der Kate seines Schwiegervaters Haß vermerkte Tagelöhner verbergen.

Marx Ludwig Haß ist Heiligabend 1797 als Sohn eines Arbeitsmanns und ehemaligen Soldaten Johann Friedrich Christian Haß im Heider Schuhmacherort, nur wenige Schritte von der Brennerei Arens entfernt, geboren und als Tagelöhner über Süderholm schließlich in Gaushorn gelandet.

Der letzte Mitunterzeichner und Deputierte des Meldorfer Vereins ist ebenfalls eindeutig den unteren Ständen zuzurechnen. Der als „J. Steinberg" Genannte wird Johann August Friedrich Steinberg (1813-1865) sein, ein Hausierhändler und Inste, der zunächst mit seiner Familie in einer kleinen Kate im Meldorfer II. Breiten Weg lebt und später im „Arme-Leute-Viertel" des Sandbergs versterben wird.

Das hier in Auszügen wiedergegebene Papier wird zum letzten mit altbekannten Thesen getriebenen Lanzenstoß der Dithmarscher Mäßigkeitsbewegung in ihrem Kampf gegen den Drachen „Branntwein", geschmückt mit reichlich vorwilhelminischem Pathos, katholisch-jesuitischer Phobie und überschwänglichem Nationalgefühl:

„An die hohe deutsche Nationalversammlung in Frankfurt.

Berufen vom Volke, Deutschland nicht bloß dem Namen nach, sondern auch der Tat nach in die Reihen der selbständigen und kräftigen Großstaaten eintreten zu lassen, haben Sie durch den Ausspruch eines einigen Deutschland eine großartige Zukunft vorbereitet. Geht Deutschland auf diesem Wege fort, so wird es seine Weltmission, die es seiner Stellung und Lage nach in Europa hat, auch erreichen und erfüllen. ... Sie haben den Befehl gegeben, eine deutsche Flotte zu bauen, und schon einen herrlichen Anfang gemacht. Schleswig-Holstein hat die Notwendigkeit einer Flotte tatsächlich bewiesen; denn der Mangel einer Flotte beschränkt uns noch immer in unseren Rechten und droht, unsere angestammten Rechte uns zu nehmen und unsern Bruderstaat Schleswig wieder unter fremde Botmäßigkeit zu bringen. Darum ist allenthalben und besonders in unsern Landen dieser Befehl mit Enthusiasmus aufgenommen, und hoffentlich ist die Zeit nicht ferne, in der das schwarz-rot-goldene Banner siegreich und ungebeugt die Meere durchschneidet, den Stolz und Übermut der Inselbewohner hemmt und bricht, und bewirkt, daß man sich allenthalben vor Deutschlands Macht beugt.“

An dieser Stelle scheint zunächst ein Einschub angebracht, der sich mit der Frage beschäftigt, worauf sich Volquarts Formulierung „Stolz und Übermut der Inselbewohner" beziehen soll.

Es scheint zumindest etwas ungewöhnlich, wenngleich im Kontext der vorherigen Formulierung durchaus erwartbar, dass hiermit die „Dänen" bezeichnet werden. Der gewählte Begriff „Inselbewohner" würde dann allerdings implizit auch dänische Ansprüche auf den gesamten jütländischen Festlandsockel – und nicht nur des Nordschleswigschen - in den Augen Volquarts und seiner Freunde in Frage stellen. Deshalb scheint auch eine andere interessante Deutungsmöglichkeit zulässig.

Gerade in den Herzogtümern Schleswig und Holstein sind die kaum provozierten und vielmehr sowohl militärisch als auch wesentlich wirtschaftlich motivierten Angriffe der britischen Flotte auf Kopenhagen von 1801 und 1807, die im Norden als eigentlicher Auslöser und Beginn eines desaströsen jahrzehntelangen ökonomischen Niedergangs im Dänischen Gesamtstaat empfunden werden und noch mehr die folgenden militärischen Aktionen zur See im Zuge der britischen Belagerung Holsteins im Jahre 1813 – u.a. gegen Glückstadt und Büsum -, in besonders schmerzlicher Erinnerung.

Nur durch diese regionalspezifische Erfahrung ließe sich Volquarts Formulierung „Stolz und Übermut der Inselbewohner" mit Bezug auf Großbritannien erklären, die in dieser Form in anderen deutschen Landschaften – beispielsweise im lange Zeit mit dem englischen Thron verbundenen Hannoverschen oder dem zuletzt verbündeten Preußen – zu diesem Zeitpunkt wohl nicht gewählt worden wäre.

Schließlich verhindert auch die Intervention der Briten zugunsten einer Bewahrung des Status quo Dänemarks zu Zeiten des Flottengesuchs (1849) auf diplomatischem Weg die von den Schleswig-Holsteinern so dringend benötigte Unterstützung durch die deutschen Bundesgenossen.

Hier würde bemerkenswert früh, bereits rund fünfzig Jahre vor der wilhelminischen Flottenpolitik, aus holsteinisch-dithmarsischem und damit keinesfalls preußischem Munde eine diesbezügliche Rivalität mit dem bis dahin die Weltmeere und indirekt auch die europäische Ordnungspolitik beherrschenden Empire besonders betont.

Ein regionales Gedankengut, auf dem die spätere Kaiserpolitik vom Marinehafen Kiel aus konsequent aufsetzen wird.

„Die deutsche heranwachsende Flotte steht da wie eine keusche und unschuldige Jungfrau, noch durch nichts, weder Blick noch Tat entweiht. Möge nie ein giftiger Hauch ihre weißen Segel verunreinigen! Möge sie immer rein, unschuldig und keusch bleiben, nie durch Alkoholgift verunreinigt werden. ...

Hohe Nationalversammlung wollte mit Recht den Jesuitenorden aus Deutschland verbannen; denn, wo er ist, bringt er Unsegen und Unheil und ruft allenthalben Zwietracht hervor. Es ist noch ein Jesuitenorden in Deutschland, ... Dieser Jesuit ist: Der Branntwein nebst seinen Brüdern: Grog, Punsch, Likör und wie sie alle heißen mögen.

... Ja, wo sind die kräftigen, großen, stolzen Deutschen, vor denen die kriegerischen Römer einst sich beugten und zitterten? Der Branntwein hat die harten, festen Eichen Deutschlands in weiche, schmiegsame Weiden verwandelt, so daß das Soldatenmaß um 2 Zoll fast herabgesetzt hat werden müssen, um die durch den Branntwein entstandenen Lücken nur mit Männlein wieder auszufüllen. ...

Bremen, Amsterdam, Hamburg senden Schiffe ohne Branntwein aus. Amerikas Schiffe befahren alle Meere ohne Branntwein. Kapitän Roß fuhr nach dem Nordpol ohne Branntwein. In England sind die wassertrinkenden Matrosen stärker als die grogtrinkenden. Sollten allein die Deutschen diesen Höllentrank nicht entbehren können, oder wollen wir ihn nur nicht entbehren? Fort mit ihm aus dem Leben. Er nützt nichts; er verdirbt alles, nicht bloß die Gegenwart, sondern auch die Zukunft.

Darum, Hohe Nationalversammlung, noch ist die deutsche Flotte eine reine Jungfrau, bewahren Sie ihre Unschuld und Keuschheit. Die deutsche Flotte ist ein neues Institut; Sie haben durchaus freie Hand, jegliche Einrichtung zu treffen, welche Sie wollen. Sie sind durch nichts gebunden; darum verhindern Sie, daß der Branntwein unsere deutsche jungfräuliche Flotte beflecke und schände. Unterzeichnete bitten daher gehorsamst:

Eine Hohe Nationalversammlung wolle anbefehlen, daß die Arbeiter an der deutschen Flotte keinen Branntwein genießen, und durch ein Reichsgesetz den Branntwein von der deutschen Flotte ferne halten und verbieten, daß den Matrosen und Seesoldaten von Reichs wegen Branntweinportionen gegeben werden.

Gehorsamst:

Volquarts, p.t. (Anm.: pro tempore - zur Zeit) *Direktor des S.-H. Zentralvereins, Deputierter des Lundener Vereins*

D.Horstmann, Landesbevollmächtigter und Kaufmann, H. Fehman, J.H. Hedschen,
Deputierte des Heider Vereins
Jürgen Sibbert, Deputierter des Tellingstedter Vereins
J. Steinberg, Deputierter des Meldorfer Vereins"

Die Mitwirkung der drei Deputierten des Heider Mäßigkeitsvereins an diesem Gesuch des Jahres 1849 ist der bisher spätest dokumentierte Beleg für die Noch-Existenz der Temperenz-Bewegung in Heide.

Wahrscheinlich ist, dass, wie zuvor in Nordhastedt zu beobachten, auch hier die thematisch begrenzten Aktivitäten im Laufe der vielfältig turbulenten Monate der Erhebung allmählich einschlafen. Zunehmend rücken größere gesellschaftliche Zusammenhänge und Programme in den Mittelpunkt des bürgerlichen Interesses und Wirkens.

Während sich in Heide das bürgerliche Lager seit 1846 verstärkt im Bürgerverein engagiert und hier anfänglich v.a. das Thema Volksbildung aufgreift, könnte sich die im Mäßigkeitsverein dominierende Gruppierung aus den unteren Schichten der Arbeiter- und Handwerkerschaft nach 1849 zunehmend ebenfalls im größeren Kontext nach übergeordneten Gestaltungsmöglichkeiten umsehen. Dass hieran in der Klientel sowohl Bedarf als auch Interesse besteht, zeigt bereits die Schaffung einer vereinseigenen Krankenversicherung.

Während der Heider Mäßigkeitsverein spätestens ab erzwungenem Wegzug Land-vogt Boysens 1851 ohne Vorsitzenden dasteht, haben doch aber zahlreiche bis dahin bildungsferne Vereinsmitglieder, die noch bei Gründung 1844 um Starthilfe und versierte Unterstützung baten, in der Zwischenzeit ausreichend eigene Erfahrungen mit der Organisation und Führung eines aktiven Vereinslebens gemacht.

Es ist in diesem Zusammenhang wahrscheinlich und soll hier spekulativ erwähnt werden, dass sich aus dem harten Kern des Heider Mäßigkeitsvereins tatsächlich die Mitglieder zusammenfinden werden, die dann zu Beginn der 1860er Jahre – also nur knappe zehn Jahre später - auch in Heide die Grundlagen einer später „sozial-demokratisch" genannten Arbeiterbewegung schaffen.

Im Gegensatz zur bürgerlich-liberalen und nationaler geprägten Vereinskultur von Liedertafel und Bürgerverein wird am 18. April 1861 mit ähnlicher Bildungsintention, aber für eine andere Zielgruppe, der Arbeiterbildungsverein in Heide gegründet. In dessen Sphäre folgen z.B. in Heide unmittelbar im gleichen Jahr auch der Arbeiter-gesangsverein „Harmonia" und der Arbeiterturnverein „frei heil".[171]

Die politische Spaltung in bürgerliches und proletarisches Lager hat auch in Dithmarschen begonnen. Die vorgehenden Mäßigkeitsvereine sind in dieser Hinsicht als kurzlebige Vorgänger der letztlich untergegangene Versuch, auf der Grundlage einer die gesellschaftliche Spaltung besonders beschreibenden Problemstellung, noch ein gemeinsames, Schichten übergreifendes Wirken zu organisieren.

Nicht vorzuenthalten ist schließlich an dieser Stelle auch noch ein Hinweis auf die Lebenserinnerungen des in Lunden während der Mäßigkeitsjahre geborenen späteren Plöner Bürgermeisters Johann Christian Kinder (1843-1914), der sich aus Kleinkind-Tagen zu erinnern glaubt[172], dass Volquarts erst nach 1851 dem Mäßigkeitsverein Leben einhaucht, indem er u.a. regelmäßig am Schwarzen Brett der Lundener Kirch-hofsmauer Plakate „Kampf dem Alkohol" klebt.

Belegt ist das anderweitig und v.a. durch Stubbe nicht, zumal Kinder glaubt, dass nach dem Kriege 1848-1851 die Bewegung erst richtig begonnen habe. Vielleicht sind solche örtlichen Plakatierungen, wenn sie denn wirklich erst so spät stattfinden, ein verzweifelt zu nennendes Unterfangen des Diakons, die längst dahinsiechende Bewegung zu reanimieren. Plakatpapier ist bekanntlich besonders geduldig.

Vielmehr scheint Kinders Erinnerung an seine früheste Kindheit leicht getrübt oder verzerrt zu sein. Auch wenn Volquarts Publikation von 1853 zum zehnten Jahrestag der Vereinsgründung belegt, dass die Idee, mindestens in Lunden, zu diesem Zeitpunkt noch immer nicht ganz untergegangen ist, so hat sie eine prägende Bedeutung für das gesellschaftliche Leben im nachrevolutionären und seine Wunden leckenden Schleswig-Holstein und somit auch Dithmarschen für die nächsten drei Jahrzehnte bereits nachhaltig verloren.

Längst sind die Bilder, die Volquarts in seinen späten Predigten dieser Jahre nutzt, im Vergleich mit frühen Reden auch weit weniger mitreißend und vielmehr resignierend, düster, fast satanisch-apokalyptisch. Sie lesen sich in weiten Teilen bereits als ein verbitterter Abgesang. In seiner letzten großen thematischen Predigt von 1853 schreibt er[173]:

„Der Alkoholgenuß führt notwendig in die Kommunion mit dem Teufel. Wie das Blut Christi beim Abendmahl in uns kommt, so das Satansblut beim Branntweintrinken. ...Der Alkoholgenuß ist die teuflische Nachäffung des heiligen Abendmahls; der mit Alkoholgeist angefüllte Kelch ist der Kelch im höllischen Sakramente der satanischen Kommunion... Aus dem Munde des Genießenden kommt pestilenzialischer Höllendampf, seine Rede ist Fluch."

Seine der Realität zunehmend entrückten Forderungen erzeugen längst keinen gesellschaftlichen Widerklang mehr. Vereine und Vereinsarbeit gehören nicht einmal mehr zu seiner selbstdefinierten radikalen Lösungsmenge:

„Ein Verbot alles Alkoholverkaufs, wie im Staate Maine, ist notwendig. Fort mit dem Teufelskelch und allem Handel mit Satansblut!"

Erst rund 35 Jahre später, am 3. Juni 1885, wird beispielsweise auf der Kreissynode in Meldorf eine zweite, nun wieder bodenhaftende und mit dem Zeitgeist Tuchfühlung aufnehmende Süderdithmarscher Mäßigkeitsperiode eingeläutet und - wiederum maßgeblich getrieben durch die Kirche - die Gründung eines „Vereins gegen den Missbrauch geistiger Getränke" beschlossen.[174]

Ein Vorläufer der ab 1892 als „Blaues Kreuz" weitergeführten Kirchenorganisation, die sich nun stärker als zuvor dem Suchtproblem und den Betroffenen zuwendet und – in Abgrenzung zur Obrigkeit - öffentliche Pauschalierung und Polarisierung des Alkoholmissbrauchs an sich vermeidet.

Mit preußischer Gründlichkeit und nachgeschärftem Klassenbewusstsein geht der Staat nämlich – auch in Dithmarschen - noch einen Schritt weiter als in liberalerer dänischer Zeit. Alkoholismus wird nun exklusiv den untersten sozialen Schichten, dem Lumpenproletariat, in die Schuhe bzw. den Rachen geschoben.

In mehreren jetzt zu Ämtern mutierten Kirchspielen (z.B. in Burg und Süderhastedt zum 1. November 1886) wird der Ausschank von Spirituosen „an Arbeiter" polizeilich gänzlich verboten. Allein die Altonaer Nachrichten kommentieren dieses selektive Vorgehen über polizeiliche Anordnungen in der Provinz als „etwas sonderbar und mittelalterlich" anmutend.[175]

Aber erst, als sich durch eine Branntweinsteuer-Reform im Folgejahr 1887 der Spritpreis nahezu verdoppelt, kommt es reichsweit zu einem signifikanten Rückgang des Branntweinkonsums um rund 40%, zugunsten eines nun wieder deutlich steigenden Bierverbrauchs.

Weitere gegen den harten Schnaps gerichtete restriktive Maßnahmen folgen. In Wesselburen tritt 1895 eine gleichgerichtete kommunale Verordnung in Kraft, nach der „der Verkauf von Branntwein und Spirituosen in Flaschen bzw. *„nach dem großen Maß"* sowie der Alkoholverkauf von 9-19 Uhr generell verboten wird".[176]

Längst sind die „Sozialdemokraten" - häufig propagandistisch gleichgesetzt mit einem prototypisch „saufenden" Arbeiter – zum stets mit Umsturz drohenden Staatsfeind Nr. 1 der Bismarck'schen Innenpolitik erklärt.

In Dithmarschen werden die regelmäßig aus ganz Nord- und Ostdeutschland zur Erntezeit verstärkt eingesetzten Wanderarbeiter an den Dreschmaschinen und „Döschdampern", auf die obiges Polizeiverbot auch in erster Linie zielt, als „Monarchen" oder „Tippelbrüder" zur ausgegrenzten und stigmatisierten, von stetem Alkoholgenuss getriebenen und *„vom Saufteufel gerittenen"*[177] Klientel.

In nationalsozialistischer Zeit werden sie endgültig aus dem Dithmarscher Landschaftsbild „getilgt".

Zwei kurze Betrachtungen zum Beschluss

„De Brennerie is en wunnerlich Geschäft. Dat blöh mal op, dann un wann hier un dar, op so'n Art un op en anner, un full wedder tohopen. Denn warn mal enige wullhebbn Lüüd rik derbi, grote Gebüden richten sik op, grote Gewesen blöhn herum, … - un mit een Mal weer't to Enn oder kreeg en ganz anner Gang.

De groten Geschäfte stocken, doch jede Brennerknecht le sik bi irgenden Pump, wo he wahn, en Waterrohr na sien Hus un an de Husmur buten en Köhlfatt an, harr in de Kök sien Ketel un sien Helm, un wo Platz weer in'n Hus' de Kübeln un Maischtünns.

Aver mit een Mal weer ok dat ut un to Enn. De Mäßigkeiters maken en Triumpfgeschrei, se bilden sik in, dat se eerst den groten Drachen in Stücken slagen un nös de lüttje Slangenbrut in all de lütt Köhlföt erstickt harrn.

Man kunn se dat günn', se harrn sik't sur warrn laten. Aver dat hung anners tosam, dat hung hauptsächlich af von de Stürn op dat Geschäft. Dat kann uns nu je eenerlei wesen.

De dat aver nich eenerlei weer, dat weern de groten Brenners un denn de lütten Brenners, fröher ehr Knechts, denn lüttje Herrn, nu wedder gar nix...“[178]

Die Entstehung der biedermeierischen „Enthaltsamkeits- und Mäßigkeitsvereine" in Dithmarschen ist keine regional spezifische Entwicklung, sondern erfolgt im Zuge einer übergreifenden, wirtschaftlich als auch gesellschaftlich begründeten und dem europäischen Zeitgeist folgenden Tendenz, die ganz Deutschland und auch weite Teile Holsteins erfasst.

Die Entwicklung setzt in Dithmarschen zwar etwas später ein als in anderen Landesteilen, wird aber in der Folge mit großer Intensität, aber nicht immer förderlichem persönlichen, weil polarisierenden Ehrgeiz Einzelner betrieben.

Prägend für die Dynamik und inhaltliche Ausgestaltung sind wenige Personen, in Dithmarschen ist besonders Pastor Volquarts in Lunden zu nennen.

Getragen werden die Vereinsstrukturen im Norden und der Mitte Dithmarschens (mit Ausnahmen) anfänglich durch Mitglieder des gehobenen Bildungsbürgertums, deren Herkunft meist nicht in Dithmarschen liegt, und Diakone, die überwiegend aus dem Schleswiger Landesteil stammen.

In Dithmarschen bildet sich im Gegensatz zu den in weiten Teilen der Herzogtümer fast ausschließlich „moralisch drängenden und gedrängten" Bürgern aber auch eine breitere Basis aus Betroffenen der Alkoholsucht (Branntweinpest) aus den unteren gesellschaftlichen Schichten der Tagelöhner, Dienstknechte und Kleinhandwerker (im Sinne späterer Selbsthilfegruppen).

Die ursächlichen gesellschaftlichen und sozialen Probleme können moralische bzw. philanthropische Ansätze allein aber weder signifikant lindern noch lösen.

Auch ein tieferes Verständnis der Suchtproblematik fehlt (noch).

Die durch die Folgen der Sucht zu guten Teilen verelendete, vorrangig betroffene Klientel der unteren Schichten flieht in den Folgejahrzehnten zunehmend das Land und verstärkt das neu entstehende Proletariat der sich schnell industrialisierenden größeren Städte und umliegenden Regionen. Das massenhafte Problem verschwindet nicht, es verlagert sich.

Die austrocknenden Dithmarscher Vereine werden zudem, wie im Rest des Herzogtums, bereits nach relativ kurzer Zeit durch die wirtschaftliche und politische Entwicklung sowie die Folgen der Erhebung von 1848/49 verdrängt, wie auch im restlichen Deutschland die Mäßigkeitsvereine im Zuge der Revolution zügig in den Ruch kirchlich-reaktionärer Gesinnung geraten und zunächst untergehen.

An ihre Stelle treten zunehmend ab den 1860er Jahren getrennt organisierte bürgerliche Vereine und erste eigene politische Organisationsformen der Arbeiterschaft mit übergeordneten gesellschaftlichen Themenstellungen (v.a. Bildung).

Dennoch sinkt in vielen vor allem. im 18. und 19. Jahrhundert noch vom Alkoholgeschäft dominierten Landstädten nach und nach die Abhängigkeit vom Brenner- und Brauergewerbe.

Diese Entwicklung ist zum Einen auf staatlich lenkende Eingriffe, als v.a. auch auf betriebs- und volkswirtschaftliche Konzentrationseffekte zurückzuführen.

Das auch in späterer Zeit drohende archaische Ungeheuer aber,
der Branntweindrache lebt und lockt.

Quellennachweis

1 Alexander von Humboldt (1769-1859), Kosmos – Entwurf einer physischen Weltbeschreibung, Zweiter Band, erschienen 1847

2 Johann Georg Kohl (1808-1878), Die Marschen und Inseln der Herzogthümer Schleswig und Holstein, Dritter Band, Arnoldische Buchhandlung Dresden und Leipzig 1846, Seiten 376/377 – bezieht sich auf: Alphonse de Lamartine (1790-1869), französischer Historiker, Schriftsteller, Diplomat und Politiker

3 Privatbesitz

4 Archidiakon A.C. Heimrich (Rendsburg) in „Der Mäßigkeitsverein und die evangelischen Geistlichen", Verlag Christian Bünsow, Kiel 1844

5 Volker Arnold – www.museum-albersdorf.de – Texte zur Ausstellung „Typisch Dithmarscher", 2000

6 Dr. E. Erichsen, „Alte Trinkbräuche in Dithmarschen" aus Zeitschrift Dithmarschen 1932 (mit Bezug auf die alte Weddingstedter Schulchronik)

7 Neocorus – Chronik des Landes Dithmarschen Band I (Nachdruck der Dahlmann-Ausgabe von 1827), S. 137ff, Verlag Schuster, Leer 1978

8 G. Marten u. K. Mäckelmann – Geschichte und Landeskunde Dithmarschens, Westholst. Verlagsdruckerei Heider Anzeiger 1927, S. 592-593

9 Georg Marten – Die Chronik von Heide, Westholst. Verlagsanstalt Heide, 1935, Seite 105

10 Stadtarchiv Heide – Abt. I Nr. 762

11 Allg. Handlungs-Zeitschrift, Nürnberg, 14. Okt. 1815

12 Volkszählung Heide 1803, aus Datenbank Arbeitskreis Volkszählungen Schleswig-Holstein e.V.

13 Dr. Justus Friedrich Carl Hecker - Neue wissenschaftliche Annalen der gesammten Heilkunde, Berlin 1835, S. 491

14 Alfred Heggen – Massenarmut, „Branntweinpest" und Mäßigkeitsbewegungen in Nordwestdeutschland um 1840, Vortrag 1983

15 Klaus Dede – Von Temperenz und Abstinenz, über www.klausdede.de

16 J.H. Böttcher - Geschichte der Mäßigkeits-Gesellschaften in den norddeutschen Bundes-Staaten oder General-Bericht über den Zustand der Mäßigkeits-Reform bis zum Jahre 1840, Hahnsche Hofbuchhandlung Hannover 1841

17 Christian Stubbe – Aus der älteren Mäßigkeitsbewegung in Schleswig-Holstein, in „Der Alkoholismus – Zeitschrift zur wissenschaftlichen Erörterung der Alkoholfrage 1905 – Band 2, No.2, S. 89

18 H. Degener – Wer ist's? Unsere Zeitgenossen, Leipzig 1906

19 Hamburger Nachrichten vom 16. Juni 1840, Seite 1

20 Stubbe, 1905, S. 96

21 J.G. Büttner – Die Vereinigten Staaten von Nord-Amerika: Mein Aufenthalt und meine Reisen in denselben vom Jahre 1834 bis 1841, Erster Band, Verlag Moritz Geber, Hamburg 1844

22 Hamburger Nachrichten vom 24. Dezember 1841, Seite 3 bzw. vom 3. Januar 1842, Seite 5

23 Vgl. Wikipedia „C/1843 D1 (Großer Märzkomet)" - Erstmals kann man am 27. Februar 1843 mit bloßem Auge bei Tageslicht einen großen Kometen beobachten, der zu den prächtigsten und schönsten des 19. Jahrhunderts gezählt wird. In Deutschland ist er in der zweiten Märzhälfte besonders gut zu sehen.

24   Stadtarchiv Heide – Abt. I Nr. 236

25   450 Jahre St. Jürgen-Kirche, herausgegeben vom Heider Kirchenvorstand 2010, S. 43/44; über seine dann Großmutter Anna Margaretha Offenhusen wäre der spätere letzte Gerritz-Wirt Peter Ernst (1755-1826) dann auch u.a. (fast gleichaltriger) Onkel zweiten Grades des Branntweinbrenners Lüdert Ludwig Schmidt (1756-1833), dessen Urgroßmutter Gertrud Offenhusen eine jüngere Schwester der o.g. Anna Margaretha war

26   Major J.E. Randahl – Grund-Riß von dem Städtlein Heide 1756, Stadtarchiv Heide

27   Johnsen, Wilhelm, Zeitschrift Dithmarschen Nr 1 / 2 1955, S. 16

28   Marten, S. 35

29   Wilhelm Thiessen – Wappen und Siegel aus Dithmarschen, Westholst. Verlagsanstalt Boyens & Co, Heide 1964, S. 104-107 und 312, 313

30   Vermerk des Architekten Fritz Off aus der Heider Rosenstraße, aufgeklebt auf der Rückseite von Fotografie-Ausschnitten der alten Landvogtei – aus dem Bildbestand des Archivs des Dithmarscher Landesmuseums

31   Lars N. Henningsen – Handel und Manufakturen in Schleswig und Holstein 1775, aus Zeitschr. d. Ges. für. Schl.-Holst. Geschichte, Band 116, Wachholtz-Verlag Neumünster 1991, S. 73-74

32   Emil Kuh – Biographie Friedrich Hebbel's – Band 1, Universitätsbuchh. Braumüller, Wien 1877, S. 181

33   Kuh, S. 136

34   Allgemeine Kirchen-Zeitung, Beilage zur Nr. 8/1846

35   Friedrich R. Wollmershäuser – Passengers Listed in the *Allgemeine Auswanderungs-Zeitung 1848-1869,* Mashof Press, Morgantown, PA, 2014

36   Stubbe, 1905, S. 90

37   Otto Fr. Arends - Gejstligheden i Slesvig og Holstein - Fra Reformationen til 1864, Band 2, Kopenh. 1923

38   www.kirchengemeindewedel.de

39   Axel R.F. Volquarts – Georg Volquarts – seine Vorfahren und Nachkommen, zweibändige Chronik, Hamburg 2000

40   Christian Stubbe – Aus der älteren Mäßigkeitsbewegung in Schleswig-Holstein, in „Der Alkoholismus – Zeitschrift zur wissenschaftlichen Erörterung der Alkoholfrage 1904 – No. 3, S. 144

41   Pauly übernimmt das Gebäude vom Advokaten Georg Friedrich Anton Paulsen (1803-1854, Ururenkel des alten Landvogts Paul Paulsen) und wird hier erstmals bei der Volkszählung von 1855 im Q4 Nr. 58/59 genannt, zuvor bei den Zählungen 1835 zu Süden des Marktes, 1840 und 1845 in der Österstraße

42   Dr. Ernst Erichsen – Klaus Groths Lehrerzeit in Heide, Westholst. Verlagsanstalt Heide, 1933, S. 98

43   Volkszählung 1835; in den 1830ern lässt wohl auch aus diesem Grund der Heider Buchhändler F. Pauly Bücher im Königl. Taubstummen-Institut zu Schleswig (bei seinem Vater) drucken, u.a. die 1834 erschienene „Schleswig-Holsteinische Medicinalverfassung" des Heider Physikus Dr. Nicolaus Dohrn

44   Erichsen, S. 32

45   Heggen, S. 377

46 Stubbe, 1904, S. 157-158

47 Carl Chr. Ad. Neuenhahn – Das Ganze der Branntweinbrennerei, Band 1 Seite 3, Erfurt 1811

48 Stubbe, 1904, S. 162

49 Stubbe, 1904, S. 159

50 Stubbe, 1904, S. 160 – Pastor Gleiß ist 1839-1849 Zuchthausprediger in Glückstadt, später Pastor in Curau bei Stockelsdorf. 1865 wird er zum Begründer des „Timmendorfer Strands", weil ihm der Kurbetrieb im nahegelegenen Niendorf „zu laut" ist

51 Böttcher, S. 525

52 Stubbe, in Verbindung mit Volkszählungen Wöhrden 1845 und 1860

53 Zeitschrift Dithmarschen 2/1982

54 Volkszählung Preetz 1803

55 www.dithmarschen-wiki.de

56 Hans Wilhelm Schwarz – Adel Bauern Bürger, Lokalgeschichte und Landesgeschichte, Wachholtz Verlag 2010, S. 223Ff – Pastor Hans Lorenz Andreas Vent (1785-1879), 1811-1815 Diakon in Tellingstedt

57 Stubbe, 1905, S. 156

58 Beiblatt zur Dithmarsischen Zeitung 46, Sonnabend 16. November 1844 (wie alle folgenden Zitate dieser Zeitung aus dem Bestand des Stadtarchivs Heide)

59 Stubbe, 1905, S. 102 und 110

60 Böttcher, S. 648

61 BWV (Bach-Werke-Verzeichnis) 637, entstanden zwischen 1712-1717 in Weimar

62 Stubbe, 1904, S. 157

63 Stubbe, 1905, Band 2 No. 6, S.346

64 Karl Biedermann (Hrsg., außerordentl. Prof. a.d. Universität Leipzig) - Deutsche Monatsschrift für Literatur und öffentliches Leben, Jahrg. 1844

65 Otto Fr. Arends - Gejstligheden i Slesvig og Holstein - Fra Reformationen til 1864, Band 1, Kopenh. 1923

66 Christian Stubbe – Aus der älteren Mäßigkeitsbewegung in Schleswig-Holstein, in „Alkoholismus – Zeitschrift zur wissenschaftlichen Erörterung der Alkoholfrage – 1905, Band 2 No. 6, S.347/348

67 Beilage zur Dithmarsischen Zeitung 36/1843

68 Dithmarsische Zeitung 38, Sonnabend, 23. September 1843

69 Dithmarsische Zeitung 41, Sonnabend, 14. Oktober 1843

70 Dithmarsische Zeitung, Sonnabend, 19. August 1843

71 Der Hausfreund – Augsburger Morgenblatt vom 14. April 1846

72 Altonaer Nachrichten vom 23. Mai 1871, S. 1

73 Otto Edert – Der Dorfschulmeister und seine Familie, Books on demand, 2013

74 Prall - Chronik der Kirchengemeinde Heide, S. 42

75 Oldenburger Jahrbuch Band 60/1961, Teil 1, Stubbe 1904, S. 147

76 Hamburgs Gedenkbuch – eine Chronik seiner Schicksale und Begebenheiten

77 Jurendes Vaterländischer Pilger – Geschäfts- und Unterhaltungsbuch für alle Provinzen des österr. Kaiserstaates, 30. Jahrg., Brünn 1843, S. 274/275

78 Stubbe, 1904, S. 158/159

79	Der Adler: Allgemeine Welt- und Nationalchronik, Unterhaltungsblatt. Literatur- und Kunstzeitung für die Oesterreichschen Staaten, Nr. 157 vom 4. Juli 1842
80	Heggen, S. 379ff
81	Christian Stubbe – Aus der älteren Mäßigkeitsbewegung in Schleswig-Holstein, in „Alkoholismus – Zeitschrift zur wissenschaftlichen Erörterung der Alkoholfrage – 1905, Band 2 No. 3, S. 160
82	Stubbe, 1905, Band 2 No.3, S. 161
83	Stubbe, 1905, S. 109
84	Dithmarsische Zeitung 41, Sonnabend, 14. Oktober 1843
85	Beiblatt zur Dithmarsischen Zeitung 30, Sonnabend, 27. Juli 1844
86	Adressbuch der Kaufleute und Fabrikanten von ganz Deutschland, 5.Teil, Leuchs Comp, Nürnb. 1833
87	Marten, S. 143-146
88	Schleswig-Holsteinische Anzeigen 15. Juni 1841
89	Heide – Vergangenheit und Gegenwart, Westholst. Verlagsanstalt Boyens & Co, Heide 1967, S. 37 und Zeitschrift Dithmarschen 4/1974
90	Prall, S. 46
91	Marten, S. 193, 194
92	Volkszählung Heide 1803 und 1845
93	Marten, S. 191
94	Prall, S. 47
95	Marten, S. 192
96	Volkszählung Heide 1803 und 1835, und diverse Kirchenbucheinträge Heide
97	Erichsen, Schulgeschichte, S, 286
98	Prall, S. 47
99	Stadtarchiv Heide – Abt. I Nr. 378 und 386
100	Beiblatt zur Dithmarsischen Zeitung 46, Sonnabend 16. November 1844
101	Dr. Ernst Erichsen – Schulgeschichte der Landschaft Norderdithmarschen, Westholsteinische Verlagsanstalt Heide 1932, S. 283
102	Marten, S. 182
103	Marten, S. 67
104	Jasper Ludwig Selle dürfte ein Verwandter des in Zörbig (Sachsen-Anhalt) geborenen Thomas Selle (1599-1663) sein, der bereits 1624 als Lehrer und Kantor nach Heide kam, 1625 als Rektor nach Wesselburen ging, um über Zwischenstation in Itzehoe (1634) schließlich ab 1641 Kantor am Johanneum und Musikdirektor der vier Hauptkirchen Hamburgs zu werden; ein weiterer Sohn Jasper Ludwig Selles, Christian August Thomas (1819-1898) geht im Übrigen früh (1837) nach Amerika, um dort Pastor in verschiedenen deutschen Auswandererhochburgen in Illinois zu werden, ein weiterer wird Musikdirektor in New York
105	Klaus Groth – Eine Lebensskizze von ihm selbst, Westholst. Verlagsdruckerei Heide 1932, S. 47
106	Priameln – aus dem „Quickborn"
107	Erichsen, S. 65
108	Groth, S. 23

109   R. Langhake – Dichter + Haus = Museum, aus Jahrbuch 2015 der Klaus-Groth-Gesellschaft, Band 57, Boyens Buchverlag, Heide

110   I. Bichel, U. Bichel, J. Hartig – Klaus Groth Eine Bildbiographie . S. 42ff, Westholsteinische Verlagsanstalt Boyens & Co, Heide 1994

111   Erichsen Schulgeschichte, S. 283

112   Erichsen, S. 99

113   „Kridewitt" ist ein zeitgenössisch populärer plattdeutscher und auch in Kinderreimen verballhornter Spottname für den dänischen König Christian (1786-1848), der im Juni 1840 als Nachfolger seines im Dezember 1839 verstorbenen Vetters Friedrich VI. den Thron bestieg, abgeleitet von dessen Namenszug CHRI. d. VIII.

114   Marten, Seite 53, 238; in anderen Quellen wird Boysens Bestallung dagegen bereits dem Königsbesuch von 1842 in Heide zugeschrieben

115   Volkszählung 1840 für Heide, 2. Quartier Haushalt Nr. 146

116   Alternativ wird in einigen Publikationen die „Neue Landvogtei" dem Vorgängerbau des späteren Hotels Burmeister gleichgesetzt. Das widerspricht aber der Erhebungsreihenfolge und Anzahl der Gebäude auf der Südseite des Marktes in der Volkszählung 1845, nach der das spätere Hotel (und noch spätere Bankgebäude) aus der vormaligen Kaufhandlung Huxholt hervorgeht, der 1845 Landvogt Boysens Haushalt nach Westen unmittelbar folgt

117   Dithmarsische Zeitung 42. Sonnabend 21. Oktober 1843

118   Dithmarsische Zeitung 42, Sonnabend 19. Oktober 1844

119   Dithmarsische Zeitung 45, Sonnabend 9. November 1844

120   Beiblatt zur Dithmarsischen Zeitung 47, Sonnabend, 23. November 1844

121   Bichel Hartig, S. 45

122   Volkszählung Nordhastedt 1845

123   Thomas Giesenhagen – Dithmarschen unterm Danebrog, S.84

124   Stadtarchiv Heide - Abt. I Nr. 236

125   Erichsen Schulgeschichte, S. 286 u. 300

126   Giesenhagen, S. 235

127   Rolf Hollander - Dorfchronik Nordhastedt Band 2 S. 159

128   www.dithmarschen-wiki.de

129   Walter Wallroth, Drei Jahrhunderte im Zeichen der St. Michaeliskirche auf dem Donn

130   Hans Peter Janssen – Von Rehedyk nach St. Michaelisdonn, S. 105

131   Einliegender Brief im Vereinsbuch Nordhastedt, Privatbesitz

132   Zeitschrift Dithmarschen 2/1977 - Norderdithmarschen und die Erhebung 1848

133   H.P. Petersen, S. Scherreiks - Mühlengeschichte Dithmarschens, Boyens Buchverlag 2006, S. 347

134   Erichsen, S. 62

135   Böttcher, S. 2

136   Stubbe, 1905, Band 2 No. 3, S. 161

137   Beiblatt zur Dithmarsischen Zeitung 51, Sonnabend 20. Dezember 1845

138   Extra-Beilage zu No. 43/1844 der Dithmarsischen Zeitung

139   Beiblatt zur Dithmarsischen Zeitung 45, Sonnabend 9. November 1844

140   Zeitschrift Dithmarschen 2/1976: Paul Homfeldt - Hundesteuer in Meldorf und was damit zusammenhing

141   Zeitung für die elegante Welt (41. Jahrg.), Verlag Leopold Voß, Leipzig 1841

142   Börsen-Halle vom 20. Januar 1841, S. 4

143   Börsen-Halle vom 7. Dezember 1844, S. 4

144   Erichsen, S. 38

145   Hecker, S. 491

146   Beiblatt zur Dithmarsischen Zeitung Nr. 21, vom 27. Mai 1843

147   J. Brockstedt – Konsum von Luxusgütern in Schleswig-Holstein und Dänemark 1834-1865, aus Zeitschrift der Gesellschaft für S-H Geschichte, Band 105 – 1980, Wachholtz Verlag Neumünster, S. 169ff

148   Stubbe 1905, S. 171

149   Baierischer Eilbote Nr. 71 vom 14. Juni 1844; Didaskalia – Blätter für Geist, Gemüth und Publizität, Nr. 298 vom 28. Oktober 1844

150   Diaskalia – Blätter für Geist, Gemüth und Publizität, 16. April 1846

151   Fränkischer Merkur, 9. August 1847

152   Abb. aus Dr. Gleich – Ueber die Nothwendigkeit einer gänzlichen Umgestaltung der sogenannten Heilwissenschaft unserer Tage, Verlagsbuchhandlung Fahrmbacher, August 1848

153   Beiblatt zur Dithmarsischen Zeitung 38, Sonnabend, 21. September 1844

154   Morgenblatt für gebildete Leser, Nr. 149, Montag, 23. Juni 1845

155   Adolf Kussmaul – Jugenderinnerungen eines alten Arztes, 1899

156   Intelligenz-Blatt der freien Stadt Frankfurt vom 18. Januar 1863

157   Die Schranne – Wochenblatt für Praktische Landwirthschaft, Organ der Landesprodukten- und Warenbörse in München, 20. Februar 1870

158   Dithmarsische Zeitung 26, Sonnabend, 27. Juni 1846

159   Marten, S. 141 ff

160   Volkszählung Heide 3. Quartier 1845 Haushalt 53 und 1855, Heide 3. Quartier, Haushalt 53a

161   Dithmarsische Zeitung 51, Sonnabend, 19. Dezember 1846

162   Adam Zamoyski – Phantome des Terrors, Verlag C.H. Beck, München 2016, S. 530

163   Zeitschrift Dithmarschen Juni 1928 „Norderdithmarschen im Jahre 1848"

164   Zeitschrift Dithmarschen 15/1939

165   Marten u. Mäckelmann, S. 320

166   Marten u. Mäckelmann, S. 321, 322

167   Heide – Vergangenheit und Gegenwart, Westholst. Verlagsanstalt Boyens & Co, Heide 1967, S. 98

168   Wilhelm Thiessen – Wappen und Siegel aus Dithmarschen, Westholst. Verlagsanstalt Boyens & Co, Heide 1964, S. 272, 273, 317 und 329

169   Johann Stange – Geschichte des Denkmals auf der Dusenddüwelswarf, Verein für Dithmarscher Landeskunde, Books on Demand 2014, S. 3

170   Allerhöchst privilegirte Holsteinische Anzeigen - Glückstadt, Beil. zum 2. Stück der Holst. Anz. von Montag, den 14. Januar 1861, S. 5

171   www.spd-geschichtswerkstatt.de/wiki/Ortsverein_Heide

172   Zeitschrift Dithmarschen 4/1972

173   Stubbe, 1905, S. 163, 164
174   Altonaer Nachrichten vom 4. Juni 1885, S. 7
175   Altonaer Nachrichten vom 10. September 1886, S. 6
176   Zeitschrift Dithmarschen 1/1987: Jürgen Scheffler – Landwirtschaftliche
       Gelegenheitsarbeiter und ländliche Gesellschaft in Dithmarschen
177   Zeitschrift Dithmarschen 4/1973: Pastor Schlee – Die schlimmen Zustände bei
       den Drescharbeitern und Wege zur Besserung - Vortrag von 1911 (Anm.: Ludwig
       Schlee (1872-1928, geboren in Altona, anfänglich Seemannspastor in Hamburg,
       ab1900 Diakon, später Pastor in Heide)
178   Klaus Groth – Vun den Lüttenheid, aus Lüttenheid und Jungsparadies S. 44,
       Husum Verlag 2006

Bildnachweis

Marten – Chronik von Heide   11, 91, 92 ,152, 156
Archivbestand Dithmarscher Landesmuseum (Fotografien und Postkarten)
                                                        13, 16, 18, 24, 36, 79, 83, 94, 99, 100, 105, 145
Heide im Wandel   15
Wikipedia   22, 43, 45, 49
Stadtarchiv Heide   27, 29, 88, 150
Heide 1860-1930 – Eine Fotochronik   12, 30, 32, 34, 67, 68, 74, 144, 148
Familienchronik Volquarts   42
Zeitschrift Dithmarschen   51, 102
Harms – Lebensbeschreibung (1851)   56
deutsche-digitale-bibliothek.de   59
ak-trinken.de   64
Privatbesitz   113, 115, 121, 126
Wrede, Privatbesitz   124
Wrede, Kirchenarchiv Hennstedt   127
Landesarchiv Thüringen/Staatsarchiv Rudolstadt   40

Personenregister

Ein paar Worte des Dankes,

verbunden mit einer Entschuldigung an all diejenigen, die wahrscheinlich zu Recht auch eine Erwähnung an dieser Stelle erwarten und die ich dennoch vergessen habe oder aus Platzgründen unerwähnt lassen muss.

Dieses Buch wäre nicht möglich gewesen ohne das wunderbare Geschenk von Anne und Thies Rohde. Ihr habt – auf Marschboden – ein Steinchen ins Rollen gebracht, das zu einer kleinen Lawine wurde. Aus einem kuriosen Familienvermächtnis konnte so eine lebendige Lokalgeschichte werden.

Ein besonderer Dank gilt auch Hans-Peter Voß vom Meldorfer Kirchenarchiv, der mir nicht nur gelegentlich bei der Entzifferung ganz übler Handschriften einiger Dithmarscher Pastoren behilflich war, sondern mich auch auf die Existenz der Familienchronik Volquarts hinwies, ohne deren Kenntnis das vorliegende Buch nicht zu dem hätte werden können, was es jetzt ist. Wertvolle Unterstützung geleistet haben auch Dr. Hans-Karl Wrede und Peter Janssen durch ergänzende Informationen und Bilder aus Hennstedt und St. Michaelisdonn.

Ausdrücklich bedanken möchte ich mich auch bei den Strippenziehern John Albers aus Kleinmeinsdorf und Heinrich Sievers aus St. Michaelisdonn, ohne deren stete Initiative und Spaß daran, Interessierte miteinander in Kontakt zu bringen, ich viele Mosaiksteine und Drachen-Spuren gar nicht erst hätte entdecken können.

Auch Hella und Jürgen Christiansen in Meldorf gebührt ein Dankeschön. Nicht nur ist er ein versierter Korrekturleser auch dieses zweiten Buches, sondern steuerte auch früh aus ihrem reichhaltigen Bilderschatz bei. Ebenfalls in Meldorf möchte ich Dr. Thomas Schleiff danken, Pastor emeritus, der eine frühe Manuskript-Version einer sehr wertvollen kritischen Würdigung unterzog.

Er sensibilisierte mich dafür, nicht abzustürzen bei dem Balanceakt, einen stabilen Mittelweg zu finden zwischen dem ernsthaften Umgang mit dem Leid der Betroffenen und der in unseren Tagen häufig komisch wirkenden Aktionen der übereifrigen Moralapostel. Ich habe einen genauen, aber unverkrampften Blick auf die zwiespältige Geschichte der Zeit versucht.

Dank auch an Frau Peters-Sinoradzki vom Heider Stadtarchiv und wesentlich Carsten Schrum vom Dithmarscher Landesmuseum in Meldorf, für notwendige Geduld, ungezählte wertvolle Ideen und unermüdliche Herbeischaffung von Gehirnfutter. Heiko Peters in Heide hat durch Hinweise zu Groths Werk ebenfalls wertvolle Anregung geleistet.

Mein besonderer Dank gilt sowohl Wolfgang Schulz für die technische Umsetzung des Buches - stellvertretend für den Verein für Dithmarscher Landeskunde, der auch diese Publikation in seiner Schriftenreihe veröffentlicht -, als insbesondere auch Christoph Clasen mit seinem Atelier Hasselbrook in Hamburg, der für die grafische Entwicklung des Buchcovers verantwortlich zeichnet. Der schmeichelnde Drache hat einen festen Platz in meinem Herzen gefunden. Ohne sein vertieftes Interesse an Dithmarscher Geschichte wäre dieser Drache so wohl niemals zu neuem Leben erwacht.

Und natürlich gebührt der abschließende Dank meiner Familie, die es irgendwie immer wieder zu ertragen weiß, wenn ich in andere Sphären abtauche ...

Thomas Giesenhagen
Nordhastedt, im Dezember 2018